골프랑 영어랑
아빠가 캐디해 줄게!

골프 영어

골프랑 영어랑 아빠가 캐디해 줄게!

골프 영어

초판 1쇄 발행 2020년 4월 15일

지 은 이 박환문
발 행 인 권선복
편　　집 오동희
교　　정 박희정
디 자 인 최새롬
전 자 책 서보미
발 행 처 도서출판 행복에너지
출판등록 제315-2011-000035호
주　　소 (157-010) 서울특별시 강서구 화곡로 232
전　　화 0505-613-6133
팩　　스 0303-0799-1560
홈페이지 www.happybook.or.kr
이 메 일 ksbdata@daum.net

값 25,000원
ISBN 979-11-5602-802-4 13740

골프랑 영어랑
아빠가 캐디해 줄게!

골프 영어

박환문
지 음

도서출판 행복에너지

Jay, 아빠는 항상 너를 응원한다!

Take it from where it is

Hit a better shot

이 책은 프로 골프선수가 꿈인 초, 중, 고, 대학생들과 프로 테스트를 준비하는 아마추어 그리고 KPGA & KLPGA 프로선수들과 부모님들에게 도움이 되고자 만들었습니다.

골프영어의 필요성을 절감하며 그동안 골프 관련 영어책을 찾아보았지만 골프선수에 특화된 영어책을 찾기는 어려웠습니다. Golf Daddy로서 현장의 경험을 토대로 정말 영어를 겁내지 않아도 될 알아두면 쏠쏠한 영어 표현들을 담백하게 정리하였습니다.

골프선수들이 해외 전지훈련이나 투어생활에서 부딪히는 여러 상황 속에서 이 책만 있으면 별 문제없이 소통할 수 있도록 가능하면 짧고 쉽게 정리했습니다.

골프선수와 부모님들이 마주하는 상황과 하고 싶은 말들이 무엇인지 너무나 잘 알고 있었기 때문에 가능한 일이었던 것 같습니다. 한두장 보고 지겨워지는 책이 아닌 오랫동안 곁에 두고 참고할 수 있는 책이 되리라 생각합니다.

다만, 다소 주관적인 내용과 오류가 포함되어 있을 수도 있습니다. 영어라는 언어 특성상 관점이 다른 표현이 있을 수도 있지만, 가까운 미래에 넓은 세상을 돌아다니며 투어프로를 직업으로 갖고자 지금도 열심히 땀 흘리고 있을 사랑하는 딸에게 주고 싶은 소중한 책이라 생각하며 만들었습니다.

부족한 부분 너그럽게 봐주시고 골프현장에서 활용할 수 있기를 바랍니다.

저자 박환문 배상

추 천 글

■ **강연재** (파빌리온 자산운용부회장, 前 현대자산운용대표)

미국 팝계는 물론 전 세계에 신드롬을 일으키고 있는 방탄소년단 멤버들도 영어를 잘하는데 이것이 그들의 경쟁력 중 하나라고 합니다. 그들 또한 국내에서 영어를 공부했습니다.
해외나 국내에서 활동하는 프로골퍼들은 물론, 뒷바라지에 헌신하는 부모님들도 경쟁력을 높이려면 영어가 필수적입니다. 이 책은 이런 분들이 골프영어를 쉽게 익히는 데 큰 도움이 될 것 같습니다.

■ **서희태** (지휘자)

골프를 좋아하는 저로서는 기다렸던 반가운 책입니다.
음악으로 세계가 하나 되듯 영어 또한 글로벌 시대 필수라고 생각합니다.
제 기억으로는 골프에 특화된 영어책을 찾아볼 수가 없었는데 이 책은 골프 영어에 집중하면서도 일상생활에서 쉽게 사용할 수 있는 표현들까지 재미있고 쉽게 수록되어 있습니다.
다음에 외국인들과 라운드 할 기회가 생기면 할 말이 많아질 거 같습니다.

▮ 이정현 (국회의원, 前 새누리당 당대표)

국회 외통위 국정감사 때나 골프 중계를 보면서 이럴 땐 영어로 할 수 있는 간단한 말이 뭐가 있을까 하며 가끔 궁금했던 표현들을 이 책에서 발견하고 반가웠습니다.
최근 가족 모임에서 영어사용 빈도가 급격히 높아진 저에게도 유익한 책이라 생각됩니다. 저자가 골프선수인 사랑하는 딸의 뒷바라지를 하면서 틈틈이 골프 영어책을 쓸 수 있었다는 게 대견하기까지 합니다.
아무쪼록 이 책이 우리 골프선수들의 국위선양에 조금이라도 도움이 되길 바라는 마음입니다.

▮ 우윤근 (前 러시아대사, 前 새정치 민주연합 원내대표)

대한민국 국민이라면 모두가 외국에 나갔을 때 국가를 위한 민간외교관이 된다고 생각합니다. 책 중간중간 저자의 유학 생활과 골프대디로서 삶의 경험을 공유하는 부분이 많아 참 좋았습니다.
골프영어는 물론 현지 문화까지도 간접 경험할 수 있는 매력적인 책이라고 생각됩니다.
이 책이 많은 분들에게 즐거움과 함께 값진 보람도 안겨 줄 수 있을 것으로 기대합니다.

■ **최남수** (前 YTN대표이사)

해외 생활에서는 교과서에서 배운 영어가 아니라 상황에 맞는 '현장형 영어'가 필요합니다.

이 책에는 저자가 유학생활과 골프 대디로서의 경험을 바탕으로 꼼꼼히 기록해 온 해외 '현장형 영어'가 정성스럽게 담겨 있습니다.

특히 실생활의 적재적소에서 바로 활용할 수 있는 원포인트 단문표현들은 무릎을 치게 합니다.

이 책을 보며 생활영어를 익히느라 좌충우돌했던 과거 유학 시절이 떠오르기도 했습니다.

현장에서 바로 꺼내 쓸 수 있는 유용한 영어, 이 책에서 만나 볼 수 있습니다.

추천합니다.

목차

01 미국으로 출국해서 입국수속까지

02 자동차 렌트하고 호텔 찾아가기

03 라운드 중에 쓰는 영어표현

04 인터뷰 중에 쓰는 영어표현

05 네이티브처럼 살아가기

06 감칠맛 나는 원포인트 영어 레슨

미국으로 출국해서 입국수속까지

01

수하물 check in

환전할 때

면세점에서

게이트 확인

입국심사

수하물을 찾을 때

수하물
check in

Check-In Counter

출국하는 층으로 가면 입주하고 있는 항공사들을 찾아볼 수 있다. 본인이 이용할 항공사 Check-in counter를 찾아서 기다리다가 순서가 되면 여권과 티켓을 보여주고 짐을 부치면 된다. 많은 대화를 주고받는 게 아니기 때문에 긴장할 필요는 없다. 다음 장에 몇 가지 문장을 예를 들어 보았지만 사실 간단하게 한두 단어로 마칠 수도 있다. 편안하게 하자.

001

Do you have any baggage(luggage) to check?

▶ 맡기실 짐이 있나요?

Yes or No로 대답하면 된다.

Yes I have two bags. / No bags!

▶ 두 개 있습니다. / 맡길 짐이 없습니다.

Fragile Tag !

화물칸에 보내야 하는데 가끔 깨질 염려가 있는 물건이 있을 때는, 다음과 같이 간단하게 파손주의 tag를 붙여 달라고 말해 볼 수도 있겠다. 사실 tag를 붙이긴 해도 복불복이다. 실제로는 화물칸에서 일하시는 분들이 모든 화물에 일일이 신경을 쓴다는 건 장담할 수 없다. 각자 개인의 책임하에 짐 쌀 때 최선의 조치를 하는 게 더 안전하다. 특히 와인병 같은 유리재질은 정말 낭패를 볼 수 있으니 한 번 더 확인해 보는 게 좋다.

002

Fragile tag, please.

▶ 파손주의 tag를 붙여 주세요.

또는 이렇게도 표현할 수 있다.

Please put a fragile sticker on this bag.

▶ 이 가방에 파손주의 스티커 좀 붙여 주세요.

Aisle? or Window?

출국 전 조금 일찍 도착하면 Check-in counter에서 창가나 복도 자리를 요청할 수 있다. 성수기에는 힘들겠지만 비수기에는 비상구에 앉아서 갈 수 있는 행운을 얻을 수 있다.

003

Can I get a window seat, please.

▶ 창가 자리로 해 주실 수 있나요?

Aisle seat, please.

▶ 복도 쪽 자리 부탁합니다.

004

Please make sure we are seated together.

▶ 일행인데 자리 꼭 같이 앉게 해 주세요.

Excess Baggage Fee

개개인의 환경에 맞추어 상황이 조금씩 다를 수 있지만, 골프를 하는 아마추어나 프로선수들은 시즌이 끝나고 나면 off-season 준비를 해야 한다. 비시즌에는 아무래도 태국, 베트남, 뉴질랜드 등 따스한 곳을 찾아 전지훈련을 가는 경우가 있다. 출발 당일 Check-in counter에서 짐을 저울에 올리면서 무게가 초과되는 경우 짐 무게를 줄이느라 소동이 벌어지곤 한다. 항공사마다 초과 비용과 상황을 대응하는 정도가 약간씩 다르니 미리 사전 확인이 필요하다.

005

How much is the excess baggage fee?

▶ 수하물 초과비용이 얼마인가요?

006

Can you give me a minute, I'll take some things out to lighten it.

▶ 잠깐만 기다려 줄 수 있나요? 몇 가지 빼내서 무게를 줄여 볼게요.

Transfer Area

가끔 장거리 여행을 하거나 티켓가격 등의 이유로 경유지를 거쳐야 하는 수하물이 있을 때는 반드시 수하물이 최종 목적지까지 자동으로 도착하는지 확인할 필요가 있다. 수하물을 경유지에서 다시 찾아서 부쳐야 하는 경우도 종종 있다.

007

Will my baggage go straight through, or do I have to pick it up in Dubai?

▶ 제 짐이 목적지까지 곧장 가나요? 아니면 두바이에서 짐을 찾아야 하나요?

008

Do I need to claim my baggage and recheck it?

▶ 제 짐을 찾아서 다시 부쳐야 하나요?

#BREAK

미국 지폐에 사람 얼굴이?

미국 화폐도 우리나라처럼 역사적인 인물들의 초상화를 넣어서 구분하고 있다.

영화배우 그레이스 켈리가 60년대 '상류사회'라는 영화에 같이 출연했던 프랭크 시나트라로부터 2달러 지폐를 선물로 받은 후 모나코왕국의 왕비가 되자 2달러 지폐가 행운을 가져온다는 속설이 생겨났다고 한다. 가끔 카드회사에서 동봉되어 배달되어 오는 2달러 지폐를 보면 행운의 상징으로 사용되고 있는 건 맞는 거 같다. 아래내용은 가볍게 참고만 하자.

1달러 조지워싱턴(미국독립전쟁 총사령관, 초대 대통령)
2달러 토마스제퍼슨(독립선언문 작성, 3대 대통령)
5달러 애브라함 링컨(노예해방선언, 16대 대통령)
10달러 알렉산더 해밀턴(초대 재무장관)
20달러 앤드류 잭슨(전쟁영웅, 7대 대통령)
50달러 율리시스 그란트(남북전쟁의 북군 총사령관, 18대 대통령)
100달러 벤자민 프랭클린(발명가, 과학자, 건국의 아버지)

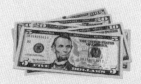

환전할 때

Currency Exchange

Currency exchange(환전소)에 가서 출국 전 미리 환전하는 건 필수다. 처음 가 본 공항이거나 찾을 수가 없는 경우, 공항 내 안전 요원이나 근무자들에게 위치를 물어보면 친절하게 안내해 줄 것이다. 한번은 일본에 가서 환전할 일이 있었는데 일본어에 자신이 없어 영어로 물어보았다. 생각보다 훨씬 당당한 모습으로 핵심표현으로만 짧게 응대하는 일본인들의 모습에 내 생각이 기우였음을 알았다. 역시 무슨 일을 하든 직접 부딪혀 보고 겪어 보는 게 정답인 듯하다.

009

Where can I exchange money?

▶ 환전할 수 있는 곳이 어디지요?

010

Could you change this into dollars?

▶ 달러로 바꿔 주세요.

011

How would you like your money?

▶ 어떻게 바꿔 드릴까요?

그러면 다음과 같이 대답하면 된다.

Twenties and fifties, please.

▶ 20달러, 50달러짜리로 부탁합니다.

#BREAK

The sky is blue? blue-ish?

저자의 학창시절에 국어 선생님들이 항상 하는 말이 있었다. 영어와는 다르게 국어는 정말 표현 못 하는 말이 없다는 것이었다. 그러면서 들던 예가 색깔 표현 중에 색깔이 푸르댕댕하다, 노르스름하다 등등이 있는데 이런 것은 영어엔 없다는 것이다. 그런데 나중에 유학생활 중에 그런 표현을 배웠다. 아! 이거구나 하던 표현들이 있다. 바로 단어에 ~ish를 붙이는 표현방법이다. ~ish는 어림잡아 말할 때 현지인들이 정말 자주 쓰는 표현이며 특히 숫자와 어울려 많이 쓰인다.

What about these pretty blue-ish ones? (이런 푸르댕댕 비스무리한 것들은 어때?)

Early afternoon-ish (이른 오후쯤.)

She is 50-ish (그녀는 50쯤 되어 보인다.)

Tuesday night, Eleven-ish (화요일 저녁 11시쯤이다.)

DUTY FREE

면세점에서

Robbery Vs Pickpocket

우리나라에서 천 원권, 만 원권이 있듯이 얼마짜리 지폐로 받을지가 항상 고민되는 부분인데 가능한 너무 큰돈은 바꾸지 않는 게 좋다. 예를 들어, 미국에서 100달러짜리를 들고 다니는 사람은 찾아보기 쉽지 않다. 예전엔 한국 사람들이 가끔 현찰을 많이 가지고 다닌다는 이야기들이 있어 LA 등에서 밤무대에서 활동하는 사람들의 타겟이 되곤 했다.

012

Where can I get a tax refund?

▶ 어디서 세금환급을 받을 수 있나요?

013

You can claim a tax refund there.

▶ 저기서 세금환급 받으시면 됩니다.

014

Hi, here are my passport and the receipts.

▶ 안녕하세요, 여기 제 여권과 영수증입니다.

015

May I see the items you purchased?

▶ 사신 물건 좀 보여 주시겠어요?

016

How much do I get back?

▶ 얼마나 돌려받나요?

세금 환급 제도는 여행을 위해 방문한 국가에서 외국인이 Tax Free 라는 문구가 쓰인 상점에서 일정금액 이상을 구매하면 여행 중에 구매한 물품을 현지에서 사용하지 않고 자국으로 가져간다는 조건으로 구매한 물품에 붙은 부가가치세 및 특별소비세를 환급해 주는 제도이다. 요즘은 공항 내에 셀프 환급하는 기계가 있어 세금환급 영수증을 가지고 직접 할 수도 있다고 한다.

#BREAK

Culture Shock? really?

요즘 느끼는 건데 언어는 확실히 오랜 관습과 문화에서 나온다는 생각이 든다.

미국생활을 마치고 한국에 돌아와서 회사 생활을 하는데 남녀노소를 불문하고 문을 잡아 주거나 열어 주었을 때 그분들의 표정이 정말 당황스러워하던 기억이 아직도 생생하다. 아마도 그분들은 저 사람이 왜 저럴까? 하는 생각이었을 것이다. 그게 벌써 20년 전이다.

요즘도 가끔 백화점이나 골프장에서 문을 열어 주기도 하고 잡아 주면 "감사합니다"라는 말 한마디, '가벼운 목례'는 예전보다 많아진 건 확실하지만 아직도 다들 어색해하고 무심하다.

문화차이라는 말 한마디로 설명하기에는 아쉬운 부분이 많다.

게이트 확인

Do Double-Check!

출국심사를 마치고 들어오면, 다시 한번 Flight time과 Gate number 확인은 필수! 당연히 티켓에 적혀 있는 게이트와 시간이 맞을 수도 있지만 돌다리도 두들겨 본다고 해외 이동 중에는 재확인은 필수다. 가끔 출발 전에 비행시간이나 gate number가 바뀌는 경우가 있으니 꼭 확인하도록 하자.

만약 정해진 시간에 게이트가 열리지 않으면, 비행기 출발에 사정이 생긴 것이다. 짧게 다음과 같이 물어보는 것도 좋다. 이유를 알면 상황에 맞추어 화장실도 다녀올 수 있고 하니 궁금하면 한번 물어보자!

017

Is this the gate to Incheon?

▶ 인천출발이 여기 맞나요?

018

Why is the flight delayed?

▶ 왜 비행기가 늦어지나요?

#BREAK

Magic Words!

미국에서 가장 많이 사용하는 표현이 흔히들 알고 있듯이 Thank you 와 Excuse me 그리고 Please 라고 한다.

미국에서 유학생활 때 살던 아파트 바로 옆집에 퇴직한 연로하신 신부님이 혼자 살고 있었는데 그분은 몇 개국 정도의 말을 할 수 있는 분이었고 독서를 많이 하신 분이었다.
어느 날 저자에게 우연히 이 세상에서 가장 쉽고 많이 쓰는 표현, 사람 마음을 움직이는 표현이 혹시 무언지 아느냐고 하셔서 모르겠다고 하니… Please 라고 하셨다.
그분 표현을 빌리자면 마음먹기에 따라 어디에든 붙여서 쓸 수 있는 magic word란다. 그리고, 많이 사용하면 할수록 앞으로 삶에 좋은 일이 많이 생길 거라고 말씀하셨다.

얼마 되지 않아 돌아가셨는데 아직까지도 내 뇌리에 남아 있다. 우리 Jay를 참 이뻐해 주셨던 기억이 난다.

입국 심사

At the Immigration Desk

입국심사대에서는 당황하거나 시선을 피하지 않는 게 좋다. 예전에는 입국심사나 세관신고가 그렇게 복잡하지 않았지만 최근에 테러나 다른 위험 요소로 인해 미국입국 절차가 까다롭고 복잡해졌다. 당당하게 대답하고 가능하면 시선을 피하지 않고 질문들에 짧게 대답하는 것이 좋다. 서로 다들 바쁜 상황에서 이러쿵저러쿵 물어보지도 않을 것이며 길게 대답하는 것도 원하지 않는다. 짧고 간단하게 하자!

입국심사관에게 여권과 입국 시 제출서류 등을 내밀면서 Hi 하면서 살짝 웃는 것과 여권을 돌려받으면서 thanks 정도는 하는 게 서로에게 기분 좋은 하루를 만들어 준다는 의미에서 강추다!

019

May I see your passport?

▶ 여권 좀 확인해도 될까요?

그러면 여권을 주면서 자신 있게 말해 보자.

020

Here it is. / Here you are!

▶ 여기 있습니다.

Eye Contact

체류기간과 방문목적 등을 물어볼 수도 있는데, 거의 물어보지 않는다고 생각하면 된다. 다들 바쁘다. 가끔 입국심사대에서 위험국가로 분류하는 나라에서 방문한 입국자인 경우에는 혹시 물어볼 수도 있다. 아닌 경우에는 한마디도 안하고 입국심사대를 빠져나오는 경우가 대부분이니 긴장할 필요 전혀 없다.

021

How long will you be staying?

▶ 얼마나 머무르시나요?

그러면 아래와 같이 대답한다.

We'll be staying for two weeks.

▶ 2주 정도 머무를겁니다.

간단하게 one week, 10 days 라고도 할 수 있다.

022

What is the purpose of your visit?

▶ 방문 목적은 무엇인가요?

그러면 간단하게

I'm here for golf tournament.

▶ 골프시합 참가하러 왔습니다.

또는,

I'm here for off-season training.

▶ 전지 훈련하러 왔습니다.

Korean Interpreter

정말 드물게 있는 경우인데 입국심사대에서 의심쩍거나 문제가 있다고 판단되면 2차 입국 심사를 받기 위해 근무자들이 심사실로 데리고 갈 수도 있다. 확인하는 차원에서 그러는 것이니 긴장할 필요는 없다. 침착하게 대응하면 된다. 질문이 길어지거나 분위기가 심상치 않다고 판단이 되면 바로 통역을 요청해야 한다.

I need a Korean Interpreter, Please. 라고 정중히 부탁하고 기다려 보자.

#BREAK

영어표현이 존칭이 없다고?

요즘 주변에 넷플릭스 등의 OTT를 통해 다양한 미드나 영화를 보시는 분들이 많다.
보고 있으면 미국에서는 가정에서나 회사에서나 위아래 없이 말을 막 던지고 예의도 없이 지내는 것처럼 보일 수도 있다.

영어라는 언어 자체가 한국어처럼 존칭 사용이 분명하지 않아서 그렇게 보일 수도 있겠지만 상대방과 상황에 따라서 단어 선택이나 표현 등이 다르다. 조금만 주의를 기울여서 보면 어렵지 않게 확인할 수 있다.

미국 보수적인 가정에서는 예의범절을 따지는 게 우리나라보다 더하면 더했지 덜하지는 않다는 게 저자의 경험이다.

수하물을 찾을 때

Baggage Claim Area

수하물을 찾을 때는 비행기에서 같이 내린 사람들을 따라가서 찾을 수도 있지만 그런 상황이 되지 않을 때는 물어봐야 할 수도 있다. 그리고 가끔 골프백을 잃어버리는 경우도 발생할 수 있으니 이런 상황에서 대응할 수 있는 표현을 알아 두는 게 좋다. 항상 만약에 대비하자!

가끔은 미국에 도착해서 미국 내 다른 곳으로 갈아타야 하는 경우도 있는데 이때도 처음 내린 곳에서 입국심사를 하고 복잡하겠지만 짐을 찾아 다시 체크인하는 게 보통이다.

023

Where is the baggage claim for flight KE 819?

▶ KE 819편 수하물은 어디서 찾습니까?

또는 아래와 같이 물어볼 수도 있다.

Where is the baggage claim area?

▶ 수하물 찾는 곳이 어디인가요?

Lost & Found

수하물이 너무 오래 나오지 않을 경우나, 상황이 심상치 않다고 판단이 되면 Lost & Found(분실물취급소)에 가서 신고를 해야 한다. 분실물 취급소에 찾아가면 아래 표현 한마디 정도만 해 두면 다들 알아서 친절하게 해 준다.

024

Excuse me, where is the lost and found desk?

▶ 실례합니다. 분실물 취급소가 어디입니까?

025

Excuse me, I've been waiting for an hour. I can't find my bag anywhere.

▶ 실례합니다. 한 시간이나 기다렸는데 수하물을 찾을 수가 없습니다.

Baggage Claim Form

만약 도착해서 수하물에 흠집이나 파손이 생긴 것을 확인하게 되면 항공사 측에 파손된 물건과 가방 사진을 모두 찍어 보여 주고 파손확인서를 받고 정식으로 배상해 달라고 신청해야 한다. 항공사마다 규정이 다르기 때문에 규정 확인 후, 반드시 물건 자체뿐만 아니라 파손으로 인한 스케줄 조정과 시합 등에 발생한 피해부분을 각각 구분하여 요구하면 된다. 가끔 신문기사에 골프선수들 골프백이 다른 비행기에 실렸다든지 파손되었다는 기사를 심심찮게 보게 되는데 만약을 대비해 플랜B를 준비해 놓자!

026

My baggage has been a little bit damaged. Should I fill out baggage claim form?

▶ 수하물에 문제가 생겼는데 신고서를 작성해야 되나요?

#BREAK

Groupings & Starting times

직장생활에서나 사적인 모임에서 단체로 골프를 치러 갈 때가 있다. 모임의 총무를 맡아 조 편성을 할 때 여간 고민 되는 게 아니었다. 실력차이가 많이 나면 같은 조에 넣기가 애매하다. 초보자들은 조금이라도 더 배우고 싶은 욕심에 고수들과 치고 싶겠지만 고수들은 꺼리게 된다. 한국 골프장에서는 친목 도모보다는 내기를 하는 분들이 많아 조 편성에 문제가 생기면 분위기가 썰렁해질 때가 많으니 신경이 쓰이는 건 사실이다.

프로시합에서는 첫날 조편성은 그동안 투어 성적과 유명세에 따라 티타임과 동반 플레이어 등을 배려한다. 특급선수일수록 TV 생중계 시간이나 갤러리가 몰리는 시간대에 배려하는 특혜를 누리는 게 현실이다.

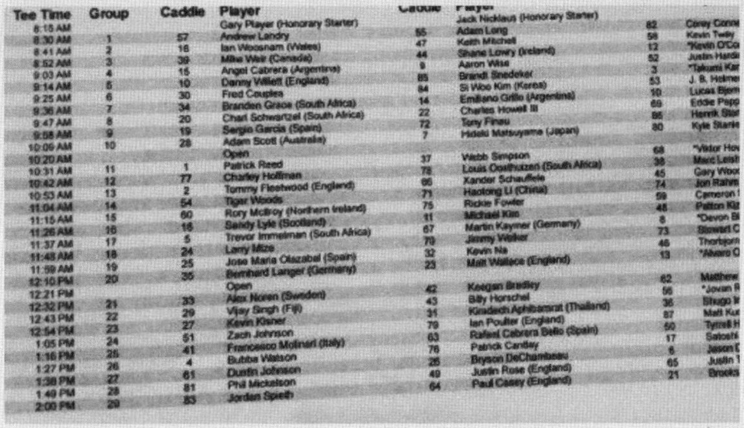

Tee Time	Group	Caddie	Player	Caddie	Player		
8:15 AM			Gary Player (Honorary Starter)		Jack Nicklaus (Honorary Starter)		
8:30 AM	1	57	Andrew Landry	55	Adam Long	82	Corey Conn
8:41 AM	2	16	Ian Woosnam (Wales)	47	Keith Mitchell	58	Kevin Tway
8:52 AM	3	39	Mike Weir (Canada)	44	Shane Lowry (Ireland)	12	*Kevin O'Co
9:03 AM	4	15	Angel Cabrera (Argentina)	9	Aaron Wise	52	Justin Hard
9:14 AM	5	10	Danny Willett (England)	85	Brandt Snedeker	3	*Takumi Kan
9:25 AM	6	30	Fred Couples	84	Si Woo Kim (Korea)	53	J. B. Holme
9:36 AM	7	34	Branden Grace (South Africa)	14	Emiliano Grillo (Argentina)	10	Lucas Bjerr
9:47 AM	8	20	Charl Schwartzel (South Africa)	22	Charles Howell III	69	Eddie Pepp
9:58 AM	9	19	Sergio Garcia (Spain)	72	Tony Finau	86	Henrik Sten
10:09 AM	10	28	Adam Scott (Australia)	7	Hideki Matsuyama (Japan)	80	Kyle Stanle
10:20 AM			Open				
10:31 AM	11	1	Patrick Reed	37	Webb Simpson	68	*Viktor Hov
10:42 AM	12	77	Charley Hoffman	78	Louis Oosthuizen (South Africa)	38	Marc Leish
10:53 AM	13	2	Tommy Fleetwood (England)	66	Xander Schauffele	45	Gary Wood
11:04 AM	14	54	Tiger Woods	71	Haotong Li (China)	74	Jon Rahm
11:15 AM	15	60	Rory McIlroy (Northern Ireland)	75	Rickie Fowler	59	Cameron
11:26 AM	16	18	Sandy Lyle (Scotland)	11	Michael Kim	48	Patton Kiz
11:37 AM	17	5	Trevor Immelman (South Africa)	67	Martin Kaymer (Germany)	8	*Devon Bl
11:48 AM	18	24	Larry Mize	70	Jimmy Walker	73	Stewart C
11:59 AM	19	25	Jose Maria Olazabal (Spain)	32	Kevin Na	46	Thorbjorn
12:10 PM	20	35	Bernhard Langer (Germany)	23	Matt Wallace (England)	13	*Alvaro O
12:21 PM			Open				
12:32 PM	21	33	Alex Noren (Sweden)	42	Keegan Bradley	62	Matthew
12:43 PM	22	29	Vijay Singh (Fiji)	43	Billy Horschel	56	*Jovan R
12:54 PM	23	27	Kevin Kisner	31	Kiradech Aphibarnrat (Thailand)	36	Shugo I
1:05 PM	24	51	Zach Johnson	79	Ian Poulter (England)	87	Matt Ku
1:16 PM	25	41	Francesco Molinari (Italy)	63	Rafael Cabrera Bello (Spain)	50	Tyrrell H
1:27 PM	26	4	Bubba Watson	76	Patrick Cantlay	17	Satoshi
1:38 PM	27	61	Dustin Johnson	26	Bryson DeChambeau	6	Jason D
1:49 PM	28	81	Phil Mickelson	49	Justin Rose (England)	65	Justin T
2:00 PM	29	83	Jordan Spieth	64	Paul Casey (England)	21	Brooks

자동차 렌트하고 호텔 찾아가기

02

차를 빌릴 때

길 찾기

호텔/리조트

리조트 마사지샵

리조트 룸서비스

차를
빌릴 때

Rental Car

미국에 도착 후 마중 나올 사람이 있으면 좋겠지만 렌트카를 빌려야 할 경우 사용할 수 있는 영어표현을 알아보자. 공항에 도착하면 미리 사전 예약한 경우가 아니라면 Avis, hertz, Budget 등의 렌탈회사 중에서 본인의 상황에 맞추어서 선택하면 된다. 약간씩 장단점이 있다고 하니 미리 확인은 필수다!

저자의 경우, 장거리 여행시는 Hertz 또는 Avis 를 많이 이용했다. Hertz 는 미국 전역에 걸쳐 수천 개의 대리점이 있는 회사로 Avis 와 더불어 미국에서 가장 큰 회사 중 하나다. 회사 규모가 크기에 어느 도시나 공항을 가더라도 대리점이 있어 렌트나 반납이 용이하다는 장점이 있고, 단거리 근처 관광 시에는 동네에 있는 소규모 회사들을 이용하면 될 듯하다.

일단 렌트카 사무실에 도착 후 직원에게 차를 빌리고 싶다고 하면 그다음부터는 친절하게 알려 줄 것이다. 한국 분들은 캘리포니아, 뉴욕, 플로리다, 텍사스 지역에 워낙 많기 때문에 가끔 한국말로 응대하는 직원도 심심찮게 볼 수 있을 것이다.

001

Hi, I'd like to rent a car

▶ 차를 좀 빌리고 싶은데요.

002

Hi, I made a reservation.

▶ 예약을 했는데요.

003

We made a reservation for an SUV a week ago.

▶ 일주일 전에 SUV를 예약했는데요.

004

What kind of a car are you looking for?

▶ 어떤 종류의 차를 원하십니까?

각자의 상황에 맞추어서 Economy(소형차), Full-Size(대형차), Premium(프리미엄 승용차), SUV, Minivan(미니밴) 등을 선택하면 된다.

005

How long would you like to rent it for?

▶ 얼마나 렌트하실 건가요?

"For how long?"으로 가끔 상황에 따라 짧게 말하기도 한다. 많은 고객들을 응대하고 서로 무엇을 원하는 상황인지 알고 있을 때는 요건만 간단히 해도 별 문제가 없다.

006

When do I have to return it?

▶ 언제까지 차를 반납해야 하나요?

International Driver's License

공항에서 차를 렌트할 때는 여권과 운전 면허증을 요구하는데, 국제운전면허증도 필요하지만 한국 운전면허증도 같이 제시하는 게 좋다.

007

Can I have your passport and driver's license please?

▶ 여권과 운전 면허증을 볼 수 있을까요?

회사마다 규정이 다르다. 사무실 직원이 추가로 국제운전면허증을 요구할 수도 있다.

Do you have an International driver's license?

▶ 국제 운전 면허증 혹시 가지고 계신가요?

Yes, I do 또는 No, I don't 라고 대답할 수 있다.

Where should I return the car?

미국에서는 차를 반납할 때 빌린 곳에 가져다주지 않고 다른 목적지에 반납하는 것을 허용하는 경우도 있다. 업체마다 다른 서비스와 가격대가 있으니 미리 확인하도록 하자.

008

Can I drive it one way?

▶ 도착하는 곳에 차를 반납해도 되나요?

009

I'd like to pick it up in LA and drop it off in Chicago

▶ 차를 LA에서 픽업한 후 시카고에서 반납하고 싶은데요.

Sign me up for Everything!

보험 서비스를 확인하는 것도 꼭 필요한 사항이다.

Extended Road Assistance 서비스라고 하는데, 업체마다 다를 수 있으니 커버리지 부분 확인을 꼭 해 두자. lock out service(문 잠금 서비스), flat tire assistance & replacement(타이어 파손 및 교체), jump start(배터리 방전), fuel delivery(기름이 바닥났을 때 일정거리만큼 움직일 수 있게 기름을 배달해 주는 서비스) 정도는 반드시 가입되었는지 확인할 필요가 있다.

010

I'd like full coverage car insurance.

▶ 종합보험을 원합니다.

011

What should we do if we need road assistance?

▶ 긴급 출동서비스가 필요할 경우 어찌해야 하나요?

012

How much does full coverage cost?

▶ 보험료는 얼마인가요?

사실 현장에 가면 외국인 고객들이 많기 때문에 핵심 단어 정도만 알고 있어도 된다. 주고받는 대화 속에서 서로 무슨 이야기인지 아는 상황에서는 역시 간단하게 how much? 정도로 물어도 문제없다.

Number 3, 20 bucks!

렌트할 당시 차를 돌려줄 때 기름을 채워 놓아야 하는지 돈으로 기름값을 지불해야 하는지 알아 두어야 한다. 선택에 따라 다르겠지만 돈으로 지불하는 게 좋은 방법이다. 한번은 비행기 시간에 쫓기는 상황이었는데 연료를 원래대로 채워 놓기 위해 낯선 지역에서 주유소를 찾아다녀야 했던 적이 있었다. 두 번 다시 경험하고 싶지 않은 아찔한 경험이었다. 미국 주유소의 경우 대부분 편의점과 같이 붙어 있는 경우가 많다. 커피나 간단한 먹거리를 같이 살 수도 있어 좋았었다. 계산대에 서면 주유하고 있는 펌프기계 번호와 원하는 만큼의 액수를 말하고 같이 계산하면 된다.

013

Should I fill the fuel tank when I return the car?

▶ 차를 반납할 때 기름을 채워서 돌려줘야 하나요?

Rental Car Agreement

차를 빌릴 당시 미리 차체를 점검하고 흠집이 있다면 사진을 찍어 두거나 서류에 체크를 해 두는 편이 좋다. 확실히 해 놓지 않으면 낭패를 보는 경우도 있다. 확인필수!

014

There is a dent in the front bumper. / There is a scratch on the door.

▶ 여기 조금 움푹 패였는데요. / 여기 스크래치가 있습니다.

현장에서 미국의 렌트카에 대해 잘 모를 뿐 아니라, 유창하지 않은 영어로 묻는 말에 yes, yes를 하다 보면 전혀 생각지 않은 청구서를 받아들게 된다. 사전에 인터넷 가격 비교 사이트를 통해 미리 여기저기 알아보고 조건을 비교한 후 사용할 렌트카 회사를 방문 전 사전 예약해 두는 걸 추천하고 싶다.

#BREAK

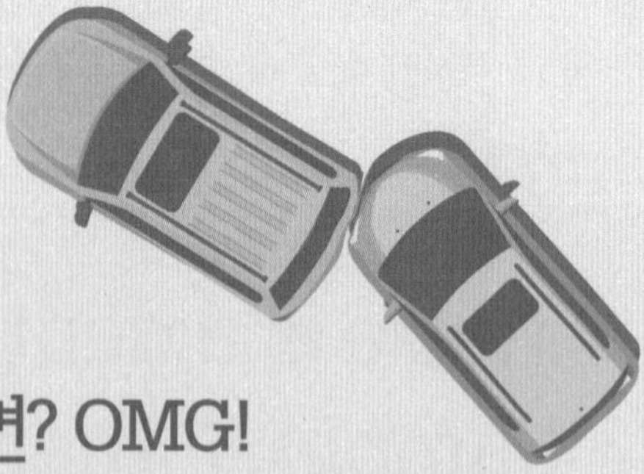

미국에서 자동차 사고가 난다면? OMG!

한국이든 미국에서든 자동차 사고만은 피해야 하는데 운전을 정말 잘하는 경우에도 상대방이 잘못하는 경우까지 예측할 수는 없다. 미국은 보험을 들지 않는 차들이 많기 때문에 사고가 나면 한국보다 여러 가지로 문제가 복잡해진다. 일단 사고가 난다면, 먼저 차를 길가로 이동시킨 후, 인적사항, 차에 대한 정보(그냥 핸드폰으로 운전면허증과 차량 사진을 여러 장 찍어 두는 게 좋다), 그리고 보험에 대한 정보를 서로 교환한다. 주위에 목격자가 있으면 양해를 구하고 연락처를 받아 두고 목격자 차량도 핸드폰으로 찍어 두면 좋겠다.

렌트차량 반납 시 직원에게 사고 상황을 이야기하고 상대방에 대한 정보를 주면 작성해 달라며 사고 보고서를 준다. 여기에 간단히 사고 관련 상황을 적고 사고현장에서 찍어 둔 사진을 이메일이나 직원 핸드폰으로 회사 측에 보내 주면 된다.

사고보고서에 최종 검토 후 서명을 해서 제출하고 혹시 모르니 복사본을 요청해서 받고 나오면 된다. 이후는 보험 회사가 알아서 해 준다.

길찾기

AAA Road Atlas Vs Google Map

사실 예전에는 미국에서 운전할 때 낯선 지역은 지도를 보거나 사람들에게 물어보며 길을 찾아 헤매었지만 지금은 구글맵 등 내비게이션 앱이 넘쳐난다. 참 좋은 세상이다! 그래도 가끔 복잡한 길을 물어볼 필요가 종종 있기 마련이다. 모르면 물어봐야 한다!
간단한 질문으로 위기를 모면해 보자!
시합을 다니다보면 체크인 시간 전에 도착해서 주변을 잠깐 둘러보고 싶어도 짐가방때문에 곤란할 때가 있다. 그럴 경우 호텔 보관소에 잠깐 짐을 맡겨 두는 것도 한 방법이다.

015

Excuse me, I'm lost. / I'm stranger here.

▶ 미안합니다만, 이 지역이 처음이라 길을 잃어버린 것 같습니다.

016

In which direction should I go?

▶ 어느 쪽으로 가야 하나요?

017

How do I get to the station?

▶ 역까지 어떻게 가는지요?

018

Turn right on Lincoln street.

▶ 링컨가에서 우회전하세요.

Go straight.

▶ 직진하세요.

It's on the left.

▶ 왼편에 있습니다.

019

Keep walking all the way down.

▶ 저쪽으로 계속 쭉 내려가세요.

020

How long would it take?

▶ 얼마나 걸릴까요?

#BREAK

공손한 영어? 우아한 영어?

영어표현 중에 앞뒤에 붙여서 전체 문장이 부드러워지거나 공손해지는 표현들이 몇 가지 있다. 현지인들이 많이 쓰는 표현 중에 하나가 When you get a chance 또는 If you get a chance이다. 이 정도만 구분해서 써 준다면 영어표현이 많이 부드럽고 세련되어질 것이다.

When you get a chance. (시간/기회가 된다면 - 반드시 꼭 해야 할 때)

→ **Please send it to me when you get a chance** (시간 되실 때 그것 좀 보내 주세요.)

If you get a chance. (시간/기회가 된다면 - 꼭 해야 할 필요는 없음)

→ **Stop by if you get a chance.** (언제 시간 되면 들러요.)

호텔/리조트

Travel Scheduler App!

호텔이나 리조트 등은 보통은 예약을 미리 해 놓는 게 좋다. 하지만 일정보다 먼저 움직여야 할 때가 간혹 있다. 일정보다 조금 늦게 움직이는 경우보다는 아주 많이 bad luck 한 상황이지만, 자녀들과 시합을 다니다 보면 종종 그런 일이 있다. 아마도 골프선수를 키우는 부모님들은 깊이 공감하실 것이다. 다음 목적지로 이동하면서 예약을 하지 못했으니 적당한 숙소를 찾으면 들어가서 물어보는 방법밖에 없다.

시합을 다니다 보면 체크인 시간 전에 도착해서 주변을 잠깐 둘러보고 싶어도 짐가방 때문에 곤란할 때가 있다. 그럴 경우 호텔 보관소에 체크인 시간까지 잠깐 짐을 맡겨 두는 것도 한 방법이다.

021

Hi, I made a reservation under the name of Jay.

▶ Jay 이름으로 예약이 되어 있습니다.

미리 예약이 되어 있는 경우 이 정도만 이야기하고 이름과 사진이 들어 있는 신분증 정도만 보여 주면 check in 은 무난하다.

022

Do you have vacancies?

▶ 혹시 빈 방이 있나요?

023

Can you store my bags, please?

▶ 가방 좀 맡아 주실래요?

024

We have to wait until check-in, can you keep my baggage?

▶ 체크인 시간까지 기다려야 해서요, 가방 잠깐 보관해 주실 수 있나요?

025

Can I get my bags back?

▶ 제 짐을 찾을 수 있나요?

026

Can we do an early check-in?

▶ 조금 시간이 이른데 체크인 가능한가요?

027

Can we do a late check-out?

▶ 조금 늦게 체크아웃 가능한가요?

028

How is the view from that room?

▶ 방 전망은 어떤가요?

029

Can we get rooms side by side? near each other?

▶ 우리 룸 주실 때 바로 옆이나 근처로 주실 수 있나요?

030

Is it possible to upgrade my room?

▶ 룸 업그레이드 가능한가요?

031

Can you arrange a porter for me?

▶ 제 짐을 운반해 주실 분 부탁해도 되나요?

032

Can I get more blankets and towels?

▶ 담요와 타월 더 부탁합니다.

033

Hi, I'd like to use laundry service.

▶ 세탁서비스 부탁합니다.

#BREAK

골프 경기 종류 및 방식

스트록 플레이 (Stroke Play)

보통 투어 시합에서 총타수로 승부를 결정하는 경기방법으로서 가장 적은 타수로 보통 4라운드 경기이니 핸디캡 없이 72홀을 마친 후에 최저타수가 우승하는 일반적인 방식이다.

매치 플레이 (Match Play)

각 홀마다 홀의 승자를 결정하는 경기방법이다. 18홀을 마친 상태에서 이긴 홀의 수가 많은 쪽이 승자가 되는 경기방식이다.

포섬 (Four Some)

네 사람이 둘씩 조를 짜서 각조가 한 개의 볼을 교대로 쳐 나가는 경기방법이다.
핸디캡이 비슷한 사람끼리 같은 조를 짜서 파트너와 호흡이 잘 맞아야 이길 수 있다.

포볼(Four Ball)

포섬과 같이 두 개조가 편을 갈라 경기하는 방식이다. 각자 자기 볼로 플레이한 후 팀의 좋은 스코어를 그 홀의 스코어로 한다.

스크램블(Scramble)

한 팀 두 선수가 각기 티샷한 후 위치가 좋은 볼을 선택하여 그 위치에서 다시 각기 세컨샷을 하고 두 선수 모두 그린온을 시켰을 때 좋은 위치의 볼을 선택, 그 자리에서 두 선수가 퍼팅하여 홀 아웃 점수를 계산하는 방식이다.

에버리지스코어(Average Score)

네 사람이 한 조가 된다.

한조가 각 홀에서 친 네 사람의 합계타수를 나누어서 그 홀의 팀 스트록으로 한다.

핸디캡도 네 명의 합계 핸디캡을 4로 나누고 그것을 팀 핸디캡으로 한다. 이렇게 해서 18홀을 돌고 그 순수 타수로 순위를 겨룬다.

리조트
마사지샵

Your safety matters!

마사지나 스파를 좋아하는 골프선수, 아마추어 분들이 전지훈련 때나 해외 골프여행 시 알아 두면 좋은 표현들이다. 마사지 shop 마다 여러 가지 다양한 이름의 코스와 가격대가 있으니 현장에서 확인하고 결정하면 된다.

한국분들은 호텔이나 리조트에서 마사지를 받는 분들이 많지만 가끔 현지 시내에서 관광 중에 마사지샵을 이용하는 경우 안전한지 사전확인이 필요하다. 낯선 외국에서는 조금 더 조심하는 것이 좋다.

034

Mirage Spa, How may I help you?

▶ 미라지 스파입니다. 무엇을 도와드릴까요?

035

Hi, I'd like to reserve a massage for this afternoon.

▶ 오늘 오후에 마사지 예약을 하려고 합니다.

036

Please book for me for 5pm.

▶ 5시로 예약해 주세요.

037

May I have your name and room number please?

▶ 이름하고 방 번호 알려 주시겠어요?

아래와 같이 대답한다.

My name is Hannah and room number 203.

▶ 제 이름은 Hannah 이고, 방 번호는 203호입니다.

Charge it to my room!

예약 후 찾아갔을 때는 Hi, I made a reservation 정도만 해도 된다. 그러면 이름을 물어볼 것이고 리조트나 호텔 안에서는 근무하시는 분들은 다들 친절하니 편하게 대화하는 게 좋다. 호텔이나 리조트 안에 있는 시설들에서는 가끔 방 번호를 물어보는데 Room에 청구하여 체크아웃할 때 같이 계산하면 된다. 영어는 최대한 요점만 간단히 하자.

038

Hi, I made a reservation under the name of Jay at 5pm.

▶ Jay 이름으로 5시 예약했습니다.

039

Please lie down on the bed with your face down.

▶ 얼굴을 아래로 하고 누우시면 됩니다.

040

How is the pressure? / Is the pressure okay?

▶ 압력 괜찮은가요?

041

Would you like the pressure firmer? / lighter?

▶ 조금 강하게 해드릴까요? 약하게?

042

My whole body aches.

▶ 온몸이 쑤셔요.

043

It hurts me a little.

▶ 약간 아프네요.

044

I keep breaking out.

▶ 피부 트러블이 계속 나요.

045

I have a stiff neck and a slight back pain.

▶ 목이 조금 뻣뻣하고 등 쪽이 약간 안 좋습니다.

#BREAK

Thank you Vs Shank you

가끔 라운드를 돌다보면 생크를 내는 동반자가 있게 마련이다.

라운드 비용이나 점심내기 등이 걸린 상황에서 저절로 웃음이 나올 수 있는 상황이다. 특히나 동반자가 일명 Army Golf(왼쪽, 오른쪽을 반복하며 공이 어디로 갈지 모를 정도의 초보골프)를 치고 다니는 초보라면 사용할 기회가 많을 것이다.

동반자가 shank를 냈을 때 친한 사이라면 아주 크게 아래와 같이 한번 외쳐 본다.
물론 농담을 주고받을 수 있는 사이가 아니라면 절대(?) 하지 않는 게 좋다.

Shank you!

OR

Shank you very much!

리조트
룸서비스

Room Service

전지훈련 중 리조트나 호텔에서 머무르면서 하루 운동이 끝나고 야식은 빼놓을 수 없다.

룸서비스 주문을 해 보자. 호텔이나 리조트 안내서를 보면 룸서비스 번호가 있다.

원하는 음식, 룸번호, 이름 등을 말해 주면 간단히 해결할 수 있다.

전화라고 해서 대면 영어와 다르다는 생각은 하지 말자!

046

Hello, room service. May I help you?

▶ 룸서비스입니다. 무엇을 도와드릴까요?

047

Hi, I'd like to order room service.

▶ 안녕하세요, 룸서비스 시키려구요.

048

Sure, what is your room number and name please?

▶ 방 번호와 성함이 어떻게 되시죠?

049

Room 1703 and my name is Jay Park.

▶ 1703호입니다. 제 이름은 Jay Park입니다.

050

What would you like?

▶ 뭘로 주문하시는지요?

051

I'd like to order stake salad, and cheeseburger, please.

▶ 스테이크 샐러드와 치즈버거 부탁합니다.

052

Anything else?

▶ 다른 거 더 필요하신 건요?

053

Yes, a bottle of orange aid and coke please!

▶ 오렌지에이드와 콜라 부탁합니다.

054

Certainly, would you care for any dessert?

▶ 다른 디저트는 어떠신가요?

055

That's all for now.

▶ 지금은 그것만 주세요.

056

Sure, we will charge it to your room. If that's okay.

▶ 괜찮으시면 방으로 요금 청구하겠습니다.

057

Sounds good. / Sure.

▶ 좋습니다.

#BREAK

시합장에 접수 check in 할 때 주고받는 대화

Jay: I'm playing golf today.

(안녕하세요, 오늘 시합에 참가합니다.)

Desk: Name, please?

(성함이?)

Jay: Jay Park.

(Jay Park 입니다.)

Desk: What's your caddie's name?

(캐디분 성함이?)

Jay: Michael Park

(Michael Park 입니다.)

Desk: Great to have you on the tour, Jay!

(투어에 참석해 주셔서 감사합니다. Jay!)

Jay: Thanks.

(감사합니다.)

라운드 중에 쓰는 영어표현

03

- 골프 연습장(Driving Range)
- 골프장 예약
- 프로샵 쇼핑
- During Round

골프 연습장 (Driving Range)

Practice Makes Perfect!

라운드(Round) 전에 드라이빙 레인지(Driving Range)에서 연습을 하는 것이 보통이다. 드라이빙 레인지는 대개 골프장 안에 있지만 없는 곳도 있다. 라운드 예약 시에 유무와 위치를 확인하는 게 좋다. 아주 이른 티타임이 아니라면 반드시 몸을 풀고 갈 수 있도록 하자!

연습장에서 보통 스몰, 미디엄, 라지 사이즈의 Bucket(바구니)을 구매할 수 있다.
지역마다 다를 수 있지만 사이즈별로 50개, 70개 전후, 100개 정도의 공을 담을 수 있다.
볼 배급 장치 앞에 가서 버킷을 공이 나오는 입구에 넣고 번호표에 있는 번호를 누르면 공이 나온다. 보통 한국처럼 시간제 운영이 아니기 때문에 빈자리에 가서 연습하면 된다.
한국처럼 매트에서 연습하는 곳이 일반적이지만 장소에 따라 조금 더 지불하면 잔디 위에서 연습이 가능한 곳도 있다.

001

Hi, I want large bucket please!

▶ large 버킷 주세요!

002

How much is a small bucket?

▶ 작은 버킷 사이즈는 얼마인가요?

003

How much do you charge for the grass area?

▶ 잔디 위에서 연습하는 건 얼마를 받나요?

#BREAK

저 골프백 안에 뭐가 들어 있을까?

아카데미 선택도 중요했지만, Golf Daddy로서 딸아이가 중고등학생 선수시절 정말 궁금했던 게 과연 시합에 나오는 다른 선수들, 그리고 TV에 나오는 프로들의 골프 클럽 구성은 어떨까? 였다.

이제 어느 정도 경험이 쌓이고 무엇이 중요한지 알게 되었지만, 가끔 생각해 보면 피식 웃음이 나온다. 하지만 정말 그 시절에는 절대적으로 궁금했고 시행착오도 많았던 기억이 있다. 드라이버는 어디 브랜드가 좋은 건지? 아이언은? 웨지구성은 어떻게 해야 하는 건지? 어떤 샤프트가 아이에게 맞는 건지? 피팅은 하는 게

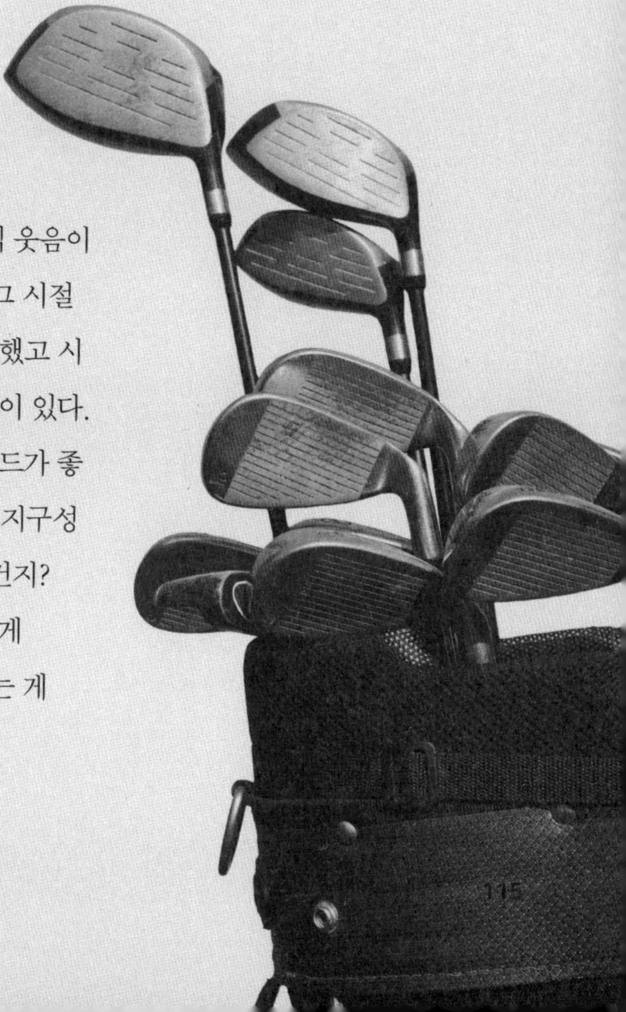

맞는 건지?를 포함하여, 정말 시합결과가 안 좋을 때면 어김없이 드는 생각이 클럽을 또 바꿔야 하나? 드라이버 바꾼 지 얼마 되지 않았는데 자꾸 훅이 나네. 왜 그렇지? 등등, 골프선수를 키우는 부모님들은 다들 공감할 내용이다.

왜 그렇게 모르는 게 많았는지 지금 생각해 보면 살짝 아이에게 미안할 때가 있다. 명필은 붓 탓을 하지 않는다는 것을 머리속으로는 알고는 있었지만 경쟁 속에 성장하는 아이를 생각할 때 조금 더 좋은 장비를 갖추어 주고 싶어 하는 마음은 우리 부모님들 모두가 다르지 않다고 생각한다. 시간이 지나면서 자연스레 정답을 찾게 되는 것 같다.

골프장 예약

Advanced Reservation is Required!

미국에서 골프장 예약은 인터넷사이트, 전화, 카운티 홈페이지 등을 통해서 가능하다.
구글지도에서 내가 있는 위치를 클릭한 후 주변 골프장에서 가고 싶은 곳을 찾은 후 예약한다.

미국에서 유명한 골프사이트로는 Golfnow.com, teeoff.com 등이 있고, 가격할인, 평점, 핫딜 저가 확인이 가능하다. 물론 미국 현지 신용카드나 체크카드만 받기 때문에 상황이 되지 않는다면 주중에 예약 없이 방문하거나 전화 예약을 통해 라운드를 해야 한다.

상황에 따라 다를 수 있겠지만 인당 50~100불 정도는 되는 곳이어야 어느 정도 퀄리티를 보장할 수 있을 것 같다. 물론 PGA/LPGA 경기가 열리는 정도면 200~300불 정도 되는 곳도 있다. 너무 저렴한 곳은 피하는 게 좋다.

플레이어 숫자, 날짜, 티타임, 코스선택(18홀 이상 코스), 회원여부에 따라 가격은 달라지니 확인 후 예약하면 된다.

004

Welcome to Oakwood country club. How can I help you?

▶ 오크우드 컨트리클럽입니다. 무엇을 도와드릴까요?

005

I'd like to book a round.

▶ 라운드를 예약하고 싶습니다.

006

May I have your name, sir (ma'am)?

▶ 성함 부탁합니다.

Michael? or HP?

한국이름 이니셜이나 간단한 영어이름으로 예약하는 게 좋다. Park, Kim 등으로 구분할 수 있으니 서로 너무 복잡하지 않게 해보자. 간혹 전화로 하는 내용이니 이름 철자를 되물어 올 수도 있다. 우측과 같이 쉬운 영어단어에 맞추어 또박또박 이야기하는 연습도 해보자.

007

This is Jay Park. J is for July, A is for apple, Y is for Yes.

▶ Jay Park입니다. July의 J, Apple할 때 A, Yes 할 때 그 Y입니다.

Private Vs Public

미국 골프장은 우리나라 골프장 회원권 개념과 비슷하지만 회원들은 회원가입 때 Deposit을 하게 된다. Deposit(보증금) 금액은 코스에 따라 천차만별이고 회원은 매월 회비를 내면서 클럽을 이용한다. 회원은 매 라운드 시에 카트비 정도는 현찰로 지불하고 매월 라운드 시 사용했던 비용은 집이나 회사로 청구서가 올 것이다. 비회원은 초대받은 경우에 동반한 회원이 부담한 비용이 만만치 않을 것이다. 다음에 한국에서 그분에게 대접 제대로 해야 할 듯!

008

Are you a member of our country club? / Do you have a membership of our country club?

▶ 혹시 저희 클럽 회원이신가요?

009

What date would you like to play? / When would you like to play?

▶ 날짜는 언제로 원하시나요?

010

What time would like to tee off?

▶ 티타임은 언제로 할까요?

011

How many players are to tee off?

▶ 몇 명이신가요?

012

A foursome, including me.

▶ 저까지 포함해서 4명입니다.

013

How much is the green fee?

▶ 그린피는 얼마인가요?

014

How much is the cart fee?

▶ 카트 비용은 얼마인가요?

015

Is the rate including tax?

▶ 세금 포함인가요?

No Jeans/ No Shorts

보수적인 곳은 까다로울 수 있으니 복장 관련해서 미리 확인하고 라운드에 나가는 게 좋다.

심지어 캘리포니아에는 no jeans, no secret socks(loafer socks) 인 곳도 있다.

가끔 출발하는 첫 홀에서 마샬이 직접 반바지와 모자 착용 여부까지도 확인한다. 문제가 생길 경우 본인은 물론 동반자까지 티타임을 연기해야 하는 상황이 발생할 수도 있으니 모자 쓰기 싫으신 분도 골프백 안에 모자 하나 정도는 여분으로 가지고 다니는 게 좋다.

016

Is it okay for men to wear shorts on the field?

▶ 남자 반바지 착용은 괜찮나요?

#BREAK

골프날씨 표현

아마추어 분들이 라운드 날짜를 잡을 때 가장 신경 쓰는 것들 중에 첫 번째가 라운드 당일 날씨다. 전날까지도 멀쩡했던 날씨였는데 갑자기 바람이 심해지거나 안개가 끼거나 또는 빗방울이 떨어져서 마음을 졸였던 기억이 여러 번 있다. 일단 티오프 할 때까지 문제만 없으면 그냥 라운드를 진행하지만 마른하늘에 벼락이 친다든지 하면 정말 그렇게 기다리고 기다리던 라운드가 취소되는 경우도 있다. 아래 자주 쓰는 날씨 표현을 알아보자!

How's the weather? /
What's the weather like?
날씨 어때?

It's sunny.
화창하다.

What a perfect day! isn't it?
날씨 완벽하다, 그치?

Hot.
더워. / 뜨거워.

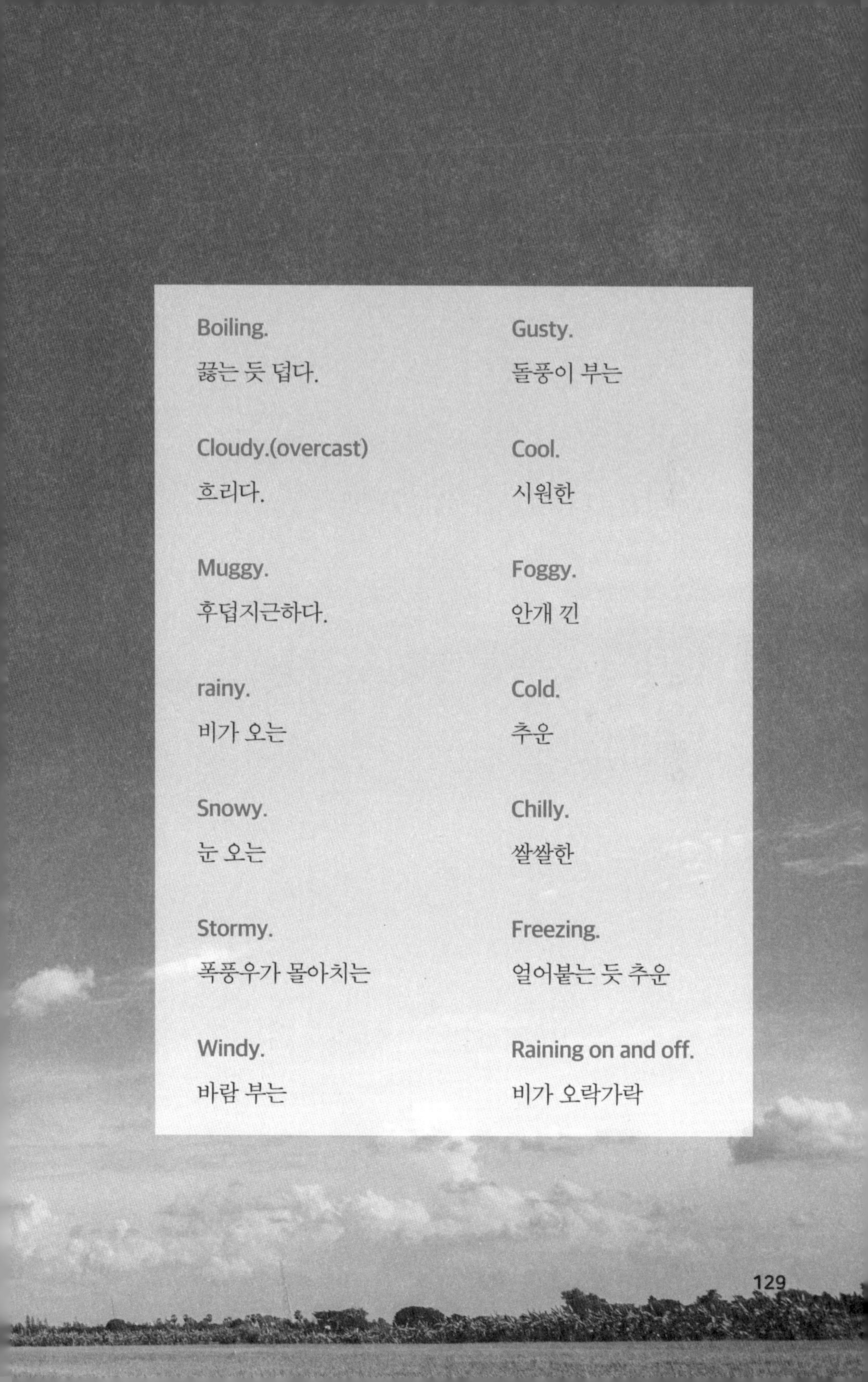

Boiling.

끓는 듯 덥다.

Cloudy.(overcast)

흐리다.

Muggy.

후덥지근하다.

rainy.

비가 오는

Snowy.

눈 오는

Stormy.

폭풍우가 몰아치는

Windy.

바람 부는

Gusty.

돌풍이 부는

Cool.

시원한

Foggy.

안개 낀

Cold.

추운

Chilly.

쌀쌀한

Freezing.

얼어붙는 듯 추운

Raining on and off.

비가 오락가락

프로샵 쇼핑

Pro Shop Vs Golf Shop

한국도 마찬가지지만 미국 골프장에 있는 프로샵은 관광단지가 아닌 이상 물건도 다양하지 않고 많이 비싸다. 라운드 준비하면서 필요한 것은 미리 마트나 대형 골프샵에서 준비하는 게 좋다. 다만 현지 프로샵에 있는 기념품 중 가끔 예쁜 게 있으니 한번 둘러보는 것은 좋은 생각이다.

017

Can I try hitting the club?

▶ 이 클럽 시타 가능한가요?

018

I'll take this one.

▶ 이걸로 할게요.

019

Is this on sale?

▶ 세일 중인가요?

"Is this for sale?"은 이거 파는 건가요? 라는 표현

020

Do you have this in white?

▶ 이런 걸로 하얀 색 있나요?

021

Do you have this in small?

▶ 조금 작은 사이즈 있나요?

022

Please let me know if you need help.

▶ 도움 필요하시면 알려 주세요.

023

I'm just looking around.

▶ 그냥 좀 둘러볼게요.

024

Can I try it on?

▶ 이거 한번 착용해 볼 수 있나요?

025

Do you have Sunblock?

▶ 선크림 있나요?

026

Do you have sunscreen arm sleeve(s)?

▶ 선블락 팔토시 있나요?

027

I'd like to return this.

▶ 이거 반품하고 싶은데요.

모자 안쪽에 선크림이 묻지 않도록 붙이는 검정색 라이너가 있다. 탈부착이 가능한 것을 10, 20개 묶음으로 판다. 골프라는 운동이 선크림 등을 자주 바를 수밖에 없다. 골프모자를 쓸 때 밖은 깨끗한데 모자 안쪽이 많이 지저분해지는 경우가 있어 버리게 되는 경우가 많다. 최대한 방지하기 위해서 캡 라이너를 붙여주는 것도 한 방법이다.

028

Do you have golf cap liners?

▶ 땀 방지 골프 모자 있나요?

#BREAK

이번 홀 핀 색깔이 뭐야?

저자는 라운드를 나갔을 때 그린 위에 꽂혀 있는 핀을 보면서 무슨 색깔이었는지 궁금해한 적이 한 번도 없었다. 무슨 의미가 있을 거라고는 더더욱 생각해 본 적이 없다. 캐디에게 핀 색깔이 뭐냐고 직접 물어보거나 다른 분들이 물어보는 걸 들어 본 적도 없다. 의미가 정해진 규정은 없다고 한다. 골프장과 대회 주최 측에서 임의로 정한다.

그린 공략 지점 정면으로 보았을 때 크게 3등분을 하게 되면 가까운 쪽인 앞이면 앞핀, 중간지점이면 중핀, 뒤쪽이면 뒤핀이라고 한다. 라운드에 나갈 때 핀 색깔을 한번 확인해 보는 것도 재밌을 거 같다. 골프장마다 색깔은 다를 수 있다고 한다.

1. 파란색(또는 검정색) 그린 뒤쪽(뒤핀)에 홀컵이 있다는 표시이고
2. 흰색은(또는 노란색) 그린 중간 중핀
3. 빨간색은 그린 앞쪽(앞핀)이라고 한다.

During Round

Preshot Routine

라운드를 시작하기 전 충분히 몸을 풀고 티샷준비를 하는 건 선택사항이 아닌 필수다. 어린 선수 때부터 티샷 전 스트레칭을 통한 몸풀기 습관을 만들어 두지 않으면 오랜 시간이 흐른 뒤에도 허리 통증과 여러 가지 부상 등으로 고통받을 수 있다.

한 방향으로만 스윙을 하는 운동이기에 반대스윙 스트레칭을 통한 몸의 균형을 유지하도록 노력이 필요하다. 겨울라운드 등 차가운 날씨에는 특히 부상위험이 크다. 건강한 몸을 유지하는 게 어떤 무엇보다 우선이다.

029

You’re up.

▶ 너가 칠 차례야.

골프버디들끼리 이동할 경우 운전을 도맡아 하는 친구가 있다. 그런 수고를 한 친구에게는 멀리건 한두개 정도 주는 건 쿨(?)한 매너다.

I’ll give you a mulligan.

▶ 멀리건 줄게.

---

mulligan: 최초의 샷이 잘못돼도 벌타없이 주어지는 세컨드샷을 말한다.

On The Fairway, Please!

내가 티샷한 공의 위치가 확실하지 않을 때 동반자들에게 말하고 잠정구를 치고 나가는 게 좋다. 잠정구를 치지 않고 나가서 공을 찾는 데 시간을 들여서 찾으면 그나마 다행이지만, 그렇지 못할 경우 다시 티샷위치로 가서 샷을 해야 하는 등…. 그런 일은 정말 생각만 해도 끔찍하다. 자신과 동반자 그리고 그날의 라운드 전체를 위해서 티샷의 존재 유무가 확실치 않을 때는 잠정구를 치고 나가는 게 현명한 행동이다.

030

I'd like to play a provisional ball.

▶ 잠정구를 치겠습니다.

031

Can I get a free drop without stroke penalty?

▶ 벌타 없이 드랍해도 되나요?

032

How many penalties will I get if I drop a ball?

▶ 만약 내가 드랍하면 벌타를 몇 개 받나요?

It's Windy!

라운드를 하다 보면 초보이거나 코스 내에서 다양한 경험을 하지 못한 아마추어 분들은 뒤에서 부는 바람과 앞에서 부는 바람에 따라서 클럽 선택을 하게 되는데, 상황에 따라 어떤 클럽을 선택하느냐에 의해서 스코어가 많이 달라질 수 있다. 기계적으로 계산하는 게 불가능하기 때문에 플레이어 자신만의 감과 경험치로 이겨 내는 게 정답이다.

033

Do you think there's a tailwind?

▶ 뒷바람 부는 거지?

034

Is it a tailwind? Is it a headwind?

▶ 뒷바람이니? 앞바람이니?

035

Club up. / Go up a club.

▶ 한 클럽 크게 잡아라.

036

Club down. / Go down a club.

▶ 한 클럽 짧게 잡아라.

037

You'd better go up a club.

▶ 한 클럽 크게 잡는 게 좋을 것 같다.

038

Why don't you go down a club?

▶ 한 클럽 낮게 잡는 건 어때?

039

What did you get on that last hole? (Birdie? Par?)

▶ 이전 홀에서 뭐 했니? (버디? 파?)

040

I made a bogey.

▶ 보기했다.

041

I got a birdie. / I got a par.

▶ 버디했다. / 파했다.

042

I think you should use a five iron.

▶ 5번 아이언 잡는 게 어때?

043

Is my ball OB? / Is my ball out of bounds?

▶ OB인가요?

044

Is my ball lost?

▶ 제 공 죽었나요?

You’re on the fairway.

▶ 너가 친 볼 페어웨이에 잘 갔다.

You’re in the rough.

▶ 너가 친 볼 러프에 빠진거 같다.

You’re on the green

▶ 온그린 했다.

045

How far did I hit my driver?

▶ 드라이버가 얼마나 갔나요?

046

How far did I hit my shot?

▶ 내 샷이 얼마나 갔나요?

047

How far is it (to the green)?

▶ 여기서 그린까지 거리가 얼마나 되나요?

048

What is the local rule?

▶ 여기 규칙이 어떤가요?

049

I'm not going left of those trees, okay!

▶ 나무 왼쪽으로 치는 게 아니라니까!

050

I am going over those trees, with a little draw.

▶ 약간의 드로구질로 나무를 넘기려고 합니다.

051

I'll get penalized for slow play.

▶ 늦장 플레이로 벌타 먹겠다.

052

Give me the 3 wood.

▶ 3번 우드 주세요.

053

Give me the 7 iron.

▶ 7번 아이언 주세요.

054

I never miss with the 7 iron.

▶ 7번 정말 자신 있어요.

055

The 4-iron seems best.

▶ 4번 아이언이 제일 나을 듯하다.

056

Trust your feelings.

▶ 네 느낌을 믿어라.

057

Should I hit the Driver or the 3-wood?

▶ 드라이버 잡을까? 아님 3번 우드?

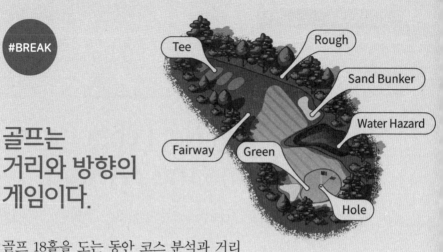

#BREAK

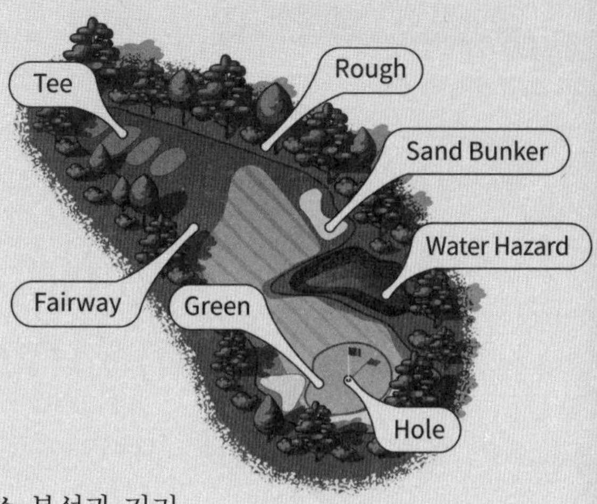

골프는 거리와 방향의 게임이다.

골프 18홀을 도는 동안 코스 분석과 거리 판단을 위해 선수들은 공식 시합을 준비하면서부터 야디지북을 작성하는 법을 배운다. 연습라운드를 돌 때 순수한 육감적 판단에 의지하거나 거리측정기를 사용하기도 하고 그린 주변에서는 자신의 보폭으로 거리를 확인하여 야디지북을 정성들여 작성하는 선수들을 많이 볼 수 있다.

선수마다 개개인의 성향과 경험으로 야디지북에 대한 의존도나 관점이 다를 수 있다. 전문 캐디의 도움을 받는 경우에도 선수 본인이 연습라운드를 통해 정성들여 작성한 야디지북만큼 효과를 장담할 수 없다. 아무리 전문 캐디라고 해도 사람인지라 실수도 하고 캐디마다 중요하게 생각하는 게 각자 다르니 하는 말이다.

비록 샷이 선수 개개인의 역량에 따라 보는 만큼 그리고 생각하는 만큼 정확도를 장담할 수는 없지만, 연습 라운드 때 자신만의 코스매니지먼트 전략에 따라 야디지북을 최대한 성실하게 준비하는 자세가 필요하다.

058

Hit the driver. No, I change my mind, give me the 3-wood.

▶ 드라이버 쳐라. 아니다, 3번 우드로 가자.

059

Take it and show me.

▶ 한번 보여 줘 봐라.

060

I'm going with the safe shot.

▶ 안전하게 플레이 할래.

061

I've hooked my 5.

▶ 5번으로 훅이 났다.

062

I've shanked the 6.

▶ 6번으로 생크 났다.

063

I don't know why I'm shanking.

▶ 왜 자꾸 생크가 나는지 정말 모르겠다.

064

I hit behind the ball.

▶ 뒤땅을 쳤어.

065

I topped the ball.

▶ 탑볼이 났어.

066

My approach shot is short.

▶ 어프로치가 짧았어.

067

I hit my iron short.

▶ 아이언이 조금 짧았어.

068

I hit an uphill / downhill shot.

▶ 오르막 / 내리막 샷이었어.

069

There's a glitch in my swing.

▶ 스윙에 작은 문제가 있다.

070

You can’t throw that dog leg with a 3-wood.

▶ 저런 도그레그 홀에서는 3번 우드는 아닌 듯.

071

203 yard to carry that water.

▶ 저기 물 건너까지 203 yard다.

072

Lay it up. / I wanna lay up.

▶ 레이업 해라. / 레이업 할게요.

073

I'll hole out.

▶ 먼저 홀아웃할게.

074

You don't need an eagle to qualify.

▶ 테스트 통과하기 위해 이글이 필요한 건 아니다. 무리하지 말자!

075

Practice playing it safe.

▶ 안전하게 치는 연습을 하자.

076

Don’t even look at the green.

▶ 그린은 쳐다보지도 말아라.

077

Just worry about putting.

▶ 넌 퍼팅만 신경 써라.

078

I made a long putt on 18 for birdie.

▶ 18번 홀에서 롱 버디펏 집어넣었어요.

그린상태는 골프장마다 코스관리와 계절에 따라 다를 수 있다.

The green's fast. / slow.

▶ 그린이 빠르다. / 느리다.

You hit it too soft. / too hard.

▶ 너무 살살 쳤다. / 너무 세게쳤다.

This is a huge break.

▶ 많이 휘는데요.

079

There you go, good shot!

▶ 거봐라 샷 좋다!

080

It’s about time for your golf.

▶ 이제 너의 골프가 때가 된 거 같다.

081

Just think of it this way.

▶ 이렇게 생각해 보자.

082

All you gotta do is tap it in.

▶ 그냥 터치만 하면 된다.

083

You were great out there today.

▶ 오늘 정말 대단했다.

084

We got a lot of work to do.

▶ 우리 더욱 열심히 해야겠다.

085

I'll work with you everyday.

▶ 같이 열심히 노력해 보자.

086

I'm behind you all the way.

▶ 난 무조건 너 편이다.

087

How is your golf going?

▶ 요즘 골프 어때?

088

How was your round this morning?

▶ 오전 라운드 어땠어?

089

How was your round last Sunday?

▶ 지난주 일요일 라운드 어땠어?

090

Did you play well on Monday?

▶ 월요일 라운드 괜찮았어?

091

I was 10 over for my round.

▶ 10개 오바쳤다.

092

I was 3 the front nine, but the back nine was 12.

▶ 전반 3개였는데, 후반 12개 헐!

093

I was doing good in the beginning.

▶ 초반에는 괜찮았어.

094

I got three double bogeys on the back nine.

▶ 후반에 더블보기 3개나 쳤습니다.

095

The front nine was okay, but the back nine was a nightmare.

▶ 전반나인은 그럭저럭 쳤는데, 백나인은 정말 악몽 그 자체였습니다.

096

You need to go out on the golf course more.

▶ 필드에 좀 더 자주 나갈 필요가 있어.

097

What's your average score?

▶ 요즘 평균으로 몇 타 정도 치니?

098

What do you usually shoot?

▶ 보통 몇 개나 치는데?

099

Do you have a handicap?

▶ 공식 핸디캡이 있니?

100

What did you shoot last time?

▶ 지난번 라운드 스코어 어땠어?

101

I usually shoot in the low nineties.

▶ 보통 90대 초반 칩니다.

102

I'm a bogey player.

▶ 보기 플레이합니다.

103

I'm still over a hundred.

▶ 난 아직도 100 돌이야.

104

I shot 69 this morning.

▶ 오늘 아침 69 쳤습니다.

105

I was 5 over on Sunday.

▶ 일요일에 5개 오바입니다.

106

I did terrible on Monday.

▶ 월요일 날 죽을 써 버렸네요.

107

Where do you usually play?

▶ 주로 어디서 라운드 하니?

108

I usually play at Vision Hills.

▶ 비젼힐스에서 라운드 합니다.

109

I play all over, but mostly at Oakwood County Club.

▶ 여러 곳에서 치는데, 오크우드 컨트리클럽에서 자주 라운드 합니다.

110

Have you played this course before?

▶ 이 코스에서 라운드 해 봤니?

111

When do you want to go out?

▶ 라운드 언제 나가고 싶어?

112

Do you want to go golfing this weekend?

▶ 이번 주말에 라운드 갈까?

113

I'm going to play golf this Friday.

▶ 이번 주 금요일에 골프 갑니다.

114

Do you already have a foursome?

▶ 벌써 4명 다 맞춘 거야?

115

We have a spot open. do you want to play?

▶ 한 자리 비는데 라운드 같이 갈래?

116

How is your driver?

▶ 요즘 드라이버 어때?

117

I can't hit with my driver.

▶ 내 드라이버로는 정말 못 치겠어.

118

Sometimes I am okay then back to normal.

▶ 어쩔때에는 괜찮은데 얼마 안 가 바로 원래대로 돌아온다니까.

119

My driving distance is short.

▶ 난 드라이브 거리가 짧아요.

120

I'm losing distance.

▶ 점점 거리가 줄고 있어.

121

I'm a long hitter.

▶ 나는 장타자인 듯.

122

I tend to use my 3 wood more.

▶ 드라이버 대신 3번우드를 더 자주 잡고 있어.

123

That happens to a lot of people.

▶ 다른 사람들도 마찬가지야.

124

My driving was shocking on the back nine.

▶ 백 9인에서 드라이버 완전 엉망이었어요.

125

It started hooking ball slightly to the left.

▶ 훅이 나더라고요.

#BREAK

Lay up? Vs Lay out?

최근 들어 골프 중계를 보다 보면 해설자 분들이 자주 쓰는 말 중에 프로 골프선수들조차 약간 헷갈리는 용어들이 있다.

그중에 Lay up 이란 말이 있는데, Lay up이란 샷이 잘못되어 공이 깊은 러프나 해저드에 들어간 것을 그린 공략을 위해 일단 안전한 곳으로 빼내는 샷을 말한다. 그린까지 거리가 애매할 때 그린 주변 벙커나 워터해저드를 피하기 위해 우리가 보통 끊어 간다는 이야기를 할 때 Lay up 한다고 한다.

상황에 따라 선수와 캐디는 상의하여 지혜로운 판단을 내릴 필요가 있다. 욕심은 화를 부른다는 것을 명심하자!

Lay out은 골프장에서 홀마다 그린의 위치와 각종 해저드 등의 배치를 이야기할 때 쓰는 표현이니 Lay up과는 전혀 다른 이야기다. 골프장 관련하여 선수를 절제하게 만드는 코스, 전략적 플레이를 요구하는 Lay out 등의 표현정도는 가능할 거 같다.

상황에 맞는 표현을 사용하도록 하자.

126

Perfect drive at the 18.

▶ 18번 홀 드라이버 완벽했다.

127

Oops! I sliced my tee shot.

▶ 헉! 티샷이 슬라이스가 났네.

128

How far do you drive the ball?

▶ 드라이버 얼마나 나가니?

129

What club do you use to hit 180 yards?

▶ 180야드면 어떤 클럽으로 치니?

130

I have a problem slicing the ball.

▶ 난 슬라이스 문제가 좀 있어.

131

You need to fix that swing.

▶ 너 스윙 손 좀 봐야겠다.

132

I can't get rid of my hook.

▶ 훅을 도저히 못 고치겠어.

133

I always slices the ball, so I aim left all the time.

▶ 항상 슬라이스가 나니까, 그래서 살짝 왼쪽을 겨냥하고 칩니다.

134

Your shot sliced to the right.

▶ 약간 오른쪽으로 슬라이스 났다.

135

Your ball is somewhere behind that tree.

▶ 네가 친 공 그 나무 뒤쪽 어딘가에 있을 거야.

136

I hit three balls out of bounds that ruined my round.

▶ OB 3방 나간 게 라운드를 완전 망쳐 버렸어요.

137

Your ball went into the bushed to the right.

▶ 너 볼 오른쪽 덤불로 갔어.

138

I can't find my ball, did you see?

▶ 볼을 못 찾겠어, 내 공 어디로 갔는지 봤어?

139

It took a while to find my ball, which was stressful.

▶ 공 찾는 데 시간이 많이 걸렸는데 엄청난 스트레스였어.

140

I got out of there with a double-bogey.

▶ 더블보기로 간신히 막았어.

141

I put my drive in the bunker and tried laying up with a hybrid.

▶ 티샷이 벙커로 가서 하이브리드로 레이업 했어.

142

What is the distance of this hole?

▶ 홀 전장이 얼마나 되니?

143

What colour is the flag?

▶ 깃발이 무슨 색깔이니?

144

Is this hole a par 4 or par 5?

▶ 이 홀 파4야? 아님 파5?

145

This hole is tight par 4

▶ 이 홀 파4인데 만만치 않아.

146

How far is it from here to the green?

▶ 그린까지 거리가 얼마 정도 되나요?

147

It's about 170 yards.

▶ 170 야드 정도 되겠다.

148

I need to practice my chip shots and putting.

▶ 칩샷하고 퍼팅 연습 좀 더 해야 해.

149

I can hit my short irons pretty good.

▶ 숏 아이언은 자신 있어요.

150

I have such a terrible lie.

▶ 라이 장난 아니다.

151

There are a lot of danger spots on this course.

▶ 이 코스에는 위험한 지역이 많아.

152

The next hole is a dog leg left with many bunkers.

▶ 다음 홀은 도그레그 왼쪽으로 휘어진 홀이야, 벙커도 많고.

153

I need to work on my putting.

▶ 퍼팅에 좀 더 신경을 써야 해.

154

I think the ball is going to break to the left then right.

▶ 왼쪽으로 가다 오른쪽으로 브레이크가 있는 거 같아.

155

It's a uphill putt for you.

▶ 오르막 퍼팅이다.

156

I can’t see a break. do you see one?

▶ 난 브레이크 안 보이는데, 넌 보여?

157

I see a break there, what about you?

▶ 저기 브레이크가 보이는데, 너는?

158

Do you see that break to the right?

▶ 저 브레이크 오른쪽으로 꺾이는 거 보이지?

159

I'm good at reading greens.

▶ 난 그린 보는 거 자신 있어.

160

Have you ever been to a driving range lately?

▶ 요즘 연습장 가긴 하니?

161

Practice makes perfect.

▶ 연습만이 완벽해질 수 있는 길이야.

162

How was it? I was pleased with my round.

▶ 어땠어? 오늘 라운드 좋았던 것 같아.

163

Well done, That was a great game.

▶ 잘했다. 멋진 시합이었다.

164

It was nice playing with you.

▶ 같이 플레이하게 되어서 좋았습니다.

18홀을 마치고 서로 주고받는 인사로 적당한 문장이다. nice 대신 pleasure 또는 honor 등을 상황에 따라 사용해 보자.

165

Jay, it's okay. let's just suck it up and focus.

▶ Jay야 괜찮아, 어쩔 수 없는 건 받아들이고 다시 집중하자.

166

All we need to do is develop the rest of your game. Then, you'd be unstoppable.

▶ 게임 풀어 나가는 거에 조금만 더 집중하자, 그럼 넌 아무도 못 막는다.

167

You make this one in four or less shots, you win the tournament.

▶ 4샷 아래로만 이 홀 마치면 우승이다.

168

Daddy, I've learned my lesson from that tournament. I'll play it safe, smart, conservative.

▶ 아빠, 저번 시합에서 좋은 교훈을 얻었어요. 앞으로는 더욱 안전하고 스마트하고 보수적으로 플레이 할 겁니다.

#BREAK

친구와 라운드 약속

Jay Hi, When are you next going to play golf?

다음 라운드는 언제 하니?

Ham I am going to play tomorrow with friends from the golf academy.

내일 아카데미 애들이랑 나가기로 했어.

Jay Do you already have a foursome?

이미 4명 다 찼니?

Ham Yes we do. Sorry, If you like we can have a game this Friday.

응. 미안, 너만 좋으면 이번 주 금요일 어때?

Jay Great. Where?

좋은 생각이야. 어디서?

Ham Let's choose somewhere close for both of us.

우리 둘 다에게 가까운 곳으로 가자.

Jay How about palm springs? That is close for us both.

palm springs는 어때? 거기가 가깝잖아.

Ham Sounds great! How much is it for a round of golf there?

괜찮은데! 거기는 그린피가 얼마야?

Jay it's about 100 dollars

100달러 정도 될 거야.

Ham Good! let's go for it, what time?

좋다! 그래 하자, 언제?

Jay let's make it 1pm on Friday, is that alright for you?

오후 한 시로 하자. 괜찮아?

Ham Make it 2pm. My mom will be back by 1pm and I have to look after our puppy

두 시로 하자. 엄마가 한 시까지 집에 돌아올 예정이라 그때까지는 우리 강아지 돌봐야 하거든.

Jay Okay then.

그래 그럼.

Ham OK, see you on Friday, it should be a lot of fun.

좋아 그럼 금요일에 보자, 정말 재밌을 거야.

Jay See ya.

그때 봐.

인터뷰
중에 쓰는
영어표현

04

During Interview

During Interview

Interview Phobia? Really?

지금부터는 인터뷰할 때 사용할 수 있는 영어표현을 살펴보려고 한다. 인터뷰할 때 예상되는 질문들을 많이 담으려고 노력했다. 각자의 상황에 맞추어 쉬운 단어로 답변을 준비하고 충분히 반복 연습하여 언제든지 입에서 술술 나오게 하면 좋겠다. 골프선수 인터뷰도 다른 인터뷰처럼 라운드 상황이나 컨디션에 관한 질문이 아니라면 보통 기본적인 내용들일 수밖에 없다.

따라서 아래 기본 표현 정도만 숙지하고 있으면 어느 정도 자신의 생각을 표현하는 데는 무리가 없을 것이다. 개개인의 능력과 노력에 따라 만족도가 달라질 수 있지만 무작정 가슴이 뛰거나 울렁증이 생기는 일은 줄어질 거라고 장담한다.

우승하고 나서도 인터뷰 걱정 때문에 가슴이 뛰고 스트레스를 받았다는 비영어권 선수들이 의외로 많다. 영어가 내 모국어가 아닌데 어찌 영어권 선수들처럼 농담하면서 잘할 수 있겠는가? 쉽지 않다. 입장을 바꿔 미국친구들이 한국에 와서 한국말로 우승인터뷰가 가능하겠는가? 못하는 게 당연하다. 당당해지자!

001

How do you spend your day?

▶ 보통 하루는 어떻게 보내세요?

또는 아래와 같이 다양하게 물어볼 수도 있다.

How do you spend your time each day?

▶ 하루는 어떻게 보내세요?

How do you spend your time during the season?

▶ 시즌 중에는 어떻게 하루를 보내세요?

002

I go to gym early in the morning, go to range at 10am, and come home after 10 pm. Most of time is spent at range with Coach Chae.

▶ 아침에 일어나면 일찍 헬스를 갑니다. 연습장에 10시쯤 도착하고 대부분 하루 종일 채코치님과 연습하고 있다가 집에 오면 저녁 10시가 조금 넘습니다.

맞다! 특별한 일정이 없으면 모든 선수들의 하루일과가 이럴 것이다.

부모입장에서 볼 때는 열심히 공을 치고 운동만 집중하는 게 당연하고 고마운 일이지만, 한편으로는 한참 친구들과 놀고 싶고 해 보고 싶은 것도 많을 10, 20대를 온통 골프에만 집중할 수밖에 없는 상황인 게 미안하고 안쓰러울 때가 많았다. 그렇지만 일단 직업으로 골프프로선수가 되기로 마음을 먹었으니 골프를 즐기면서 투어생활을 하는 그런 행복하고 멋진 투어 프로가 되기를 바라는 마음 아빠로서 간절하다.

003

What do you do when you have some free time?

▶ 여가시간에는 무얼 하나요?

004

I get a massage and do grocery shopping.

▶ 마사지를 받거나 장을 보러 갑니다.

005

I go to church in the morning and visit my grandparents in the afternoon.

▶ 아침엔 교회에 가고 점심에 조부모님 집을 방문합니다.

006

I switch up my routine.

▶ 저의 루틴을 바꿔 줍니다.

007

I hang out with my friends.

▶ 친구들과 놀러 나갑니다.

008

I take a class to learn something new.

▶ 무언가 새로운 걸 배우기 위해 수업을 듣습니다.

009

I travel somewhere.

▶ 어딘가로 여행을 갑니다.

010

What time do you get up?

▶ 보통 언제 일어나나요?

011

I get up at 6am on weekdays, 9am on weekend

▶ 주중에는 새벽 6시, 주말에는 9시 정도입니다.

012

What time do you have lunch?

▶ 점심은 언제 먹나요?

013

I have lunch around 1pm.

▶ 1시쯤 점심을 먹습니다.

014

What time do you go to bed?

▶ 보통 언제 주무시나요?

015

I go to bed around 10pm on weeknights.

▶ 주중에는 10시쯤 잡니다.

016

How about weekend?

▶ 주말에는요?

017

I wake up a little later than weekdays and go to bed as usual.

▶ 주중보다는 보통 조금 늦게까지 잡니다. 잠자리에 드는 시간은 비슷하구요.

018

What is your mood today? / How are you feeling today?

▶ 오늘 기분 어떤가요?

019

I am feeling cheerful and happy.

▶ 흥이 나고 행복합니다.

020

I almost can't believe it happened.

▶ 그런 일이 일어난 게 믿어지지 않습니다.

021

How has golf made a difference in your life?

▶ 골프로 인해 당신 인생이 달라진 게 어떤 부분인가요?

022

How did get started playing golf?

▶ 골프는 어떻게 시작하셨나요?

023

What is your favorite movie?

▶ 제일 좋아하는 영화는?

024

What is your favorite line from a movie?

▶ 제일 좋아하는 영화 대사 하나 부탁합니다.

025

What's the last book you read?

▶ 마지막으로 읽은 책이 뭔가요?

026

Are you a fitness buff? / I work out all the time.

▶ 당신은 헬스매니아인가요? / 매일 운동하긴 합니다.

027

Are you a foodie? / I'm passionate about food.

▶ 당신은 식도락가인가요? / 음식에 대한 열정이 있습니다.

028

What is the best piece of advice you have ever received on or off the course?

▶ 골프장에서든 밖에서든 기억에 남는 충고가 있는지요?

029

Suppose you have the chance to pick three people to play a round of golf with. Who would they be?

▶ 당신이 같이 하고 싶은 포섬 멤버는?

030

What is the most exquisite restaurant you've dined at?

▶ 가장 멋졌던 식당은 어디였나요?

031

What other sport would you like to be good at?

▶ 골프 말고 잘하고 싶은 운동이 있나요?

032

What is the most memorable moment on Tour?

▶ 시합 다니면서 가장 기억나는 순간은?

033

Do you set goals for the season?

▶ 이번 시즌 목표 세웠나요?

034

What is your preshot routine?

▶ 샷전에 보통 어떻게 준비하나요?

035

What is your favorite snack to eat on the course?

▶ 코스에서 즐겨 먹는 간식은?

036

What is your favorite meal off the course?

▶ 평상시 제일 좋아하는 음식은?

037

What is your favorite way to stay in shape?

▶ 어떻게 몸 컨디션을 유지하나요?

038

If you could do another job for your life, what would you do?

▶ 골프 말고 다른 걸 한다면 무슨 일 하고 싶으세요?

#BREAK

골프아카데미 선택

골프선수를 키우는 부모님들의 이야기를 듣다 보면 가장 큰 고민 중에 하나가 골프를 어디서 누구에게 배우는가를 결정하는 문제이다. 대부분 검증된 유명한 프로님을 찾거나 아는 선후배를 따라서 골프 아카데미를 선택하거나 옮기기도 한다.

선수와 부모님들의 성향에 따라 다르겠지만 대부분 자신의 스윙 스타일과 레슨 방법 그리고 성적 등에 따라 더 좋은(?) 골프 아카데미로 움직인다. 좋은 스승을 만나 오랜 시간 호흡을 맞추고 프로선수 되기까지 같이 지낼 수 있다면 바랄 것 없이 이상적이지만 현실은 그리 녹록치 않다.

부모로서 사랑하는 자식의 미래에 도움이 되는 아카데미를 찾기 위해 최대한 많이 알아보고 상담하고 직접 두드려 보는 방법만이 최선의 방법이다. 정답은 개인마다 다를 수 있다.

039

If given a chance to skip work for day, how would you spend the entire day?

▶ 하루 연습을 빼먹는다면 어떻게 보내고 싶으세요?

040

Is there anything you are addicted to? or can't live without?

▶ 어디에 푹 빠져있다든지, 저거 없으면 못 산다 이런 거 있나요?

041

Do you have a favorite golf club in your bag?

▶ 가장 아끼는 클럽은?

042

What would we find in your bag besides golf clubs?

▶ 백 안에 골프클럽 말고 다른 게 뭐가 있나요?

043

How do you relax and unwind at home?

▶ 집에서는 어떻게 휴식을 취하나요?

044

I catch up with family and friends, eat amazing maratang, cook JJabaguri and listening to music and sing along.

▶ 가족과 친구들하고 시간을 보내거나 제가 좋아하는 마라탕을 먹기도 하고 가끔 집에서 짜바구리를 요리해 먹기도 합니다. 음악을 들으면서 노래를 따라 하기도 합니다.

045

It was definitely the biggest moment in my career.

▶ 제 커리어에서 정말 중요한 순간이었습니다.

046

Every time I see my name on the trophy, it's so surreal.

▶ 우승컵에서 매번 제 이름을 볼 때마다 아직까지도 정말 꿈인지 생시인지 합니다.

047

After the tripple bogey, I thought, "whatever happens is gonna happen."

▶ 트리플 보기 이후에 그런 생각이 들더군요, 어차피 일어날 일은 일어나기 마련이다.

048

I don't care how it looks, as long as I'm making putts.

▶ 퍼팅만 들어간다면 어떻게 보이는지는 신경 안 써요.

049

When I hit it into the trees, I enjoy the challenge for trying to get out.

▶ 나무 속으로 공을 보내도 그냥 빠져나오는 과정을 즐깁니다.

050

If it goes in the water, it goes in the water, No Big deal!

▶ 워터 해저드에 빠지면 빠지는 거야, 별거 아니야!

051

If I don't hit a good shot, hit a good shot next time, so there is no reason to worry.

▶ 좋은 샷이 안 나오면 다음 샷을 잘 치면 되는 거지 걱정할 일은 아니야.

052

If you don't make birdie, it's not the end of the world.

▶ 만약 버디를 못해도 그걸로 세상이 끝나는 건 아니야.

053

If you really want to do it, go for it. it's your life, no one else's.

▶ 정말 하고 싶으면 해 봐, 다른 사람 인생이 아닌 너 인생이잖아. 너 꺼!

054

I learned a lot from that experience.

▶ 그 경험에서 많이 배운 거 같아.

055

Opportunities like that don't come every day.

▶ 그런 기회는 매일 오는 게 아니잖아.

056

I tried to use the experience to my benefit.

▶ 내게 도움이 되는 방향으로 노력 중이야.

057

I used to fret and get ahead of myself.

▶ 저도 예전엔 초초해하고 서두르기 일쑤였어요.

058

Looking back, I made great friends.

▶ 돌이켜 보면 좋은 친구들 정말 많이 사귄 거 같아.

059

I was out there to watch Grace Jo and root for her.

▶ Grace Jo 플레이도 보고 응원하러 코스에 나갔었습니다.

060

I also wanted to see how they were playing on the course.

▶ 코스에서 다른 선수들이 어떻게 플레이하는지 보고 싶었습니다.

061

There's always something to work on.

▶ 항상 부족한 부분이 있어서 노력해야 할 것들이 있어요.

062

My daddy always thought I was the best.

▶ 아빠는 항상 내가 최고라고 생각하셨어.

#BREAK

공식 스코어 카드 기입하는 방법

스코어는 각 홀마다의 타수를 선수로 하여금 확인하도록 하면서 적는다. 그리고 라운드가 끝나면 Attested by 라고 적혀진 곳에 티샷 전에 정해진 마커가 서명란에 서명하여 선수 본인에게 준다.

마커에게서 자신의 스코어를 기입한 스코어 카드를 받은 선수는 각 홀마다 기입된 타수에 문제가 없는지 자신의 것과 확인 후 서명하여 위원에게 제출한다. 문제가 있을 때는 위원으로 하여금 수정하게 한 후 마커, 선수본인 서명 후 제출한다.

마커의 어테스터 서명, 본인의 확인서명 중 어느 한쪽이라도 빠져 있으면 그 카드를 제출한 사람은 경기 실격이 된다.

또 한 홀의 타수가 실제의 타수보다 많은 스코어는 그대로 채택되지만 실제의 타수보다 적은 스코어를 제출하면 그 선수는 실격이다.

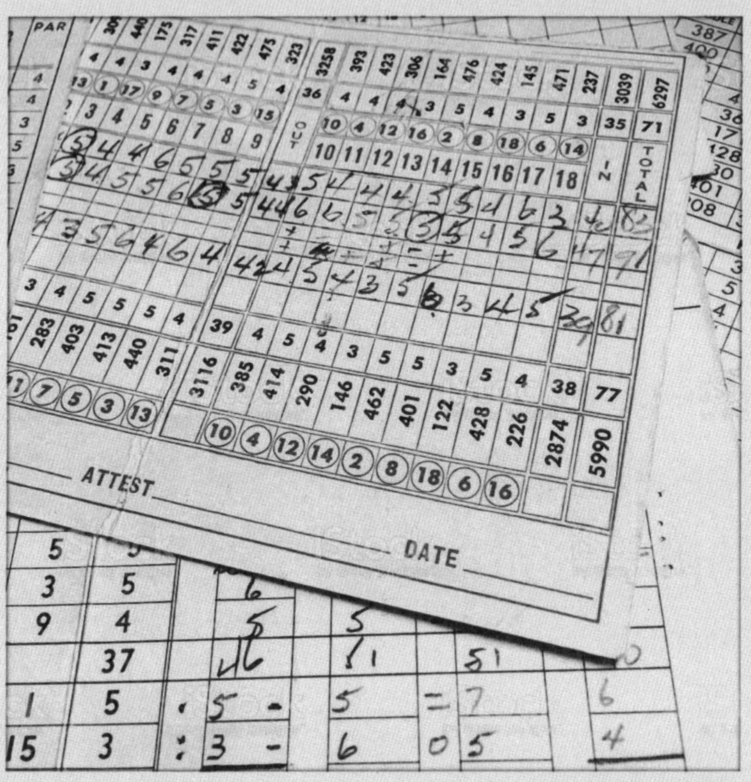

골프에서는 선수본인은 각 홀마다 기입된 타수의 옳고 그름에 유일한 책임자이므로 만일 마커가 스코어를 잘못 기입했다고 하더라도 선수 본인의 최종확인 단계에서 발견 수정하지 않으면 실격이다. 정말 고생하며 준비해 온 시합인데 스코어카드 잘못 적어서 실격한다면 시즌 내내 충격일 것이다. 확인 또 확인하자!

063

I enjoy the game and the challenge.

▶ 시합과 도전을 즐깁니다.

064

The important point is that I'm happy in life.

▶ 중요한 건 전 행복하다는 겁니다.

065

What is your goal this year?

▶ 올해 목표가 뭔가요?

066

Goals and dreams are different.

▶ 목표와 꿈은 다른 거 같아요.

067

I want to win more majors.

▶ 메이저에서 더 자주 우승하고 싶습니다.

068

I want to be the No. 1 player in the world.

▶ 세계랭킹 1위 하고 싶습니다.

069

I used to map out every step of my life, and that's where a lot of my trouble came.

▶ 단계별로 목표를 세우곤 했는데 그게 항상 문제가 되는 거 같아요.

070

That's not how life works.

▶ 인생이란 그런 게 아니잖아요.

071

Life never happens the way you planned.

▶ 인생은 전혀 계획대로 되는 게 아니잖아요.

072

We worked hard without ever taking a single day off.

▶ 단 하루도 쉬는 날 없이 열심히 했었는데.

073

It's an honor to hear that.

▶ 그렇게 말씀해 주시니 영광입니다.

074

It didn't go well as we planned.

▶ 계획대로 되지 않았어요.

075

I've knock down but I'll get up again.

▶ 지금은 힘들지만 다시 일어날 겁니다.

076

We'll look back on this day and laugh.

▶ 먼 훗날 오늘을 생각하면 웃을 거예요.

077

Tell me about your game today.

▶ 오늘 라운드에 대해 말씀해 주세요.

078

Any tips for playing this course?

▶ 이 코스 관련 팁을 준다면?

079

You just got a patient on this golf course. because it will do to you.

▶ 이 코스에서는 인내심이 있어야 합니다. 코스가 그럴 수밖에 없어요.

080

I start feeling pretty good about my swing today.

▶ 오늘 전체적으로 스윙감이 좋았습니다.

081

Tomorrow is gonna be a long day for all of us.

▶ 내일 우리 모두에게 긴 하루가 될 것입니다.

082

I'm teeing off at 8:30 tomorrow morning, it's not too bad.

▶ 저는 내일 아침 8:30 티오프합니다. 나쁘지 않습니다.

083

I stay focused and keep at it.

▶ 집중하면서 해 나가려고 합니다.

084

You know it has always been my dream to play on the LPGA tour.

▶ 저에게는 LPGA에서 투어생활을 하는 게 항상 꿈이었습니다.

085

Now I have the opportunity and I'll do my best.

▶ 지금이 제게 기회이고 최선을 다할 겁니다.

086

It's really exciting to me so this year I plan on playing 34 events.

▶ 굉장히 기대됩니다. 올해는 34개 대회 정도에 출전할 계획입니다.

087

It's been a lot of fun so far and I'm looking forward to Europe for the first time.

▶ 지금까지 굉장히 즐거웠고 처음으로 가는 유럽에 많은 기대를 하고 있습니다.

088

I'm definitely getting more and more used to it and time management is just becoming more important.

▶ 저는 확실히 점점 바쁜 투어생활에 익숙해지고 있습니다. 시간관리가 점점 중요해진다는 것도 배워 가고 있습니다.

089

You know I just want to continue to do what I'm doing.

▶ 지금 하고 있는 대로 계속 그렇게 하고 싶어요.

090

I feel like I'm improving and getting better every single day which is really important not only on the golf course but as a person as well.

▶ 매일 매일 확실히 제가 발전하고 있고 점점 나아지고 있다는 걸 느끼고 있습니다. 이건 골프에서 뿐만 아니라 한 개인으로서도 매우 중요하다고 생각합니다.

091

Hopefully, a few more wins on the LPGA tour and maybe add the first major.

▶ LPGA에서 몇 번 더 우승하고 싶기도 하고 생애 첫 메이저 우승도 하고 싶습니다.

092

You know what I've been working really hard over the offseason.

▶ 이번 시즌을 위해 전지훈련 정말 열심히 했습니다.

093

I appreciate everything, wish me luck.

▶ 모든 것 감사드립니다. 행운을 빌어주세요.

#BREAK

영어로 인터뷰 잘하는 게 이상한 거다!

한국 사람이 한국어로 인터뷰해도 떨리는 것은 언어의 문제가 아니라 타고난 성향이다. 심지어는 미국사람들도 타고난 성격에 따라 인터뷰에 대한 두려움이 있는 경우 더듬거나 아예 말 한마디 마무리 못하는 경우를 사회생활 중에 가끔 보기도 한다.
예상되는 질문과 답변을 조금 더 준비하고 외워서 입에서 자신 있게 나올 정도가 되면 인터뷰에 대한 두려움과 울렁증이 조금씩 완화될 것이고 인터뷰에 당당해지면 외국 투어생활이 훨씬 나아질 것이라 생각한다. 물론 투어 성적에 좋은 영향을 미칠 수도 있을 것이다.

인터뷰를 잘하는 선수들은 상대적으로 그렇지 못한 선수들보다, 미디어를 선수 친화적으로 만들 수 있고 선수본인의 홍보기회로도 활용가능하다고 생각한다. 아직도 가끔 영어가 서툰 비영어권 선수들에게 무례한 기자들도 있지만 요즘 많이 줄어드는 추세이고 미디어 환경이 예전과는 많이 달라졌다고 확신한다.

네이티브
처럼
살아가기

05

- 은행 계좌 개설하기
- 집/아파트 구하기
- 영화관
- 미장원/이발소
- 세탁소
- 병원/약국
- 스타벅스
- 패스트푸드 레스토랑
- 마트 장보기

은행 계좌 개설하기

Open an Account with BOA

잠깐 전지훈련을 마치고 들어오는 경우가 아니고 일정 기간 미국 투어생활을 계획하는 경우에는 미국현지에서 은행계좌를 개설하는 것이 한국에서 송금을 받거나 현지에서 아파트나 집을 구할 때 그리고 차량구입 시에도 도움이 된다. 미국은행계좌를 개설하게 되면, 집세나 공과금 그리고 개인 간의 거래에도 은행계좌와 연계된 자신의 수표를 써서 주고받을 수 있다. 투어생활 중 받게 되는 상금과 세금문제 등을 위해서도 현지 회계사와 미리 상의하여 정착 초기에 계좌를 개설하는 게 현명하다.

미국 생활 초기에 저자 이름과 주소가 찍힌 수표책을 받았을 때 영화에서 보던 백지수표 같은 느낌에 신기하기도 했지만 자신의 계좌에 충분한 잔액이 있는지 매번 확인하고 사용하는 것이 필요하다. 계좌에 충분한 금액이 없어서 부도(bounce) 처리가 되면 모든 것이 Credit score를 기본으로 결정되는 미국에서 생활하는 데 많은 문제를 만들 수 있으니 각별히 신경써야겠다.

001

Hi, I'm here to open an account.

▶ 계좌를 개설하려고 왔는데요.

Credit Society

미국에서는 일반적으로 checking account 와 savings account 두 가지가 있다. 미국이 실질이자율이 마이너스가 된 지 오래여서 보통의 경우에는 checking account만 개설하지만 같은 은행에서 신용카드를 받을 계획이 있으면 savings account를 만들어서 일정 금액을 넣어두면 편하게(?) 발급받는 경우도 있을 것이다. 미국에서는 처음 계좌를 열거나 어느 정도의 cash가 deposit 형식으로 계좌에 있지 않으면 신용카드 사용한도가 아주 낮게 시작할 수 있으나, 어느 정도 기간이 지나면서 공과금, 집세, 자동차 할부 등을 잘 내고 있으면 한도 조정은 문제없을 것이다.

002

I'd like to apply for a credit card.

▶ 신용카드를 신청하려구요.

003

I'd like to make a deposit.

▶ 입금하려고 합니다.

004

I need to withdraw some money.

▶ 출금 좀 하려고 합니다.

005

I'd like to transfer $500 to this account.

▶ 이 계좌로 $500 송금하고 싶어요.

#BREAK

Golf Buddy Vs Drinking buddy

영어 표현 중에 Golf buddy(골프친구)라는 표현이 있다. 우리나라에서 판매되고 있는 골프측정기에 붙여진 이름이기도 한데, 원래 미국에서는 평소 알고 지내는 사이고 친하긴 한데 유독 필드에 나갈 때 찾게 되는, 골프 호흡이 잘 맞아서 몰려다니는 아저씨(?)들을 부르는 표현이기도 하다. 실력도 중요하지만 만나면 즐거운 입담까지 있으면 어디에서든 인기만점이다.

저자도 골프버디들이 있었는데 대부분 토요일 오전 라운드 마치고 맛집 찾아다니는 재미가 더 컸던 것 같다. 혹시 골프장 등에서 SUV나 카니발 같은 미니밴에서 아저씨들 3~4명이 같이 내리면 '아 저분들은 골프버디구나' 하고 생각하면 틀림없을 것이다. 그럼 Drinking buddy는? 술동무겠지요!

집/아파트 구하기

Credit Building

미국 현지에서 은행계좌를 개설하고 신용카드와 check book을 받게 되면 머무를 집이나 아파트를 구하는 게 여러모로 편리하다. 하루이틀이지 계속 호텔에 머무를 수는 없는 노릇이다. 가자마자 집을 살 수는 없고 일단 렌트할 만한 곳을 알아보는 게 좋다.

미국 현지 은행 계좌가 있다는 것은 어느 정도 미국 신용시스템에서 검증된 상태라는 증거이기 때문에 집을 구하는 데 별 어려움은 없을 것이다. 한인들이 많은 곳에는 한인 부동산도 있고 지인을 통해서 미리 정보를 받고 알아본 후 고르면 좋을 것이다.

보통 미국 간 지 얼마 되지 않아서 첫 달 집세와 함께 보증금을 요구하는 경우가 많다. 우리나라로 치면 아파트 월세 보증금 정도 생각하면 된다. 투어일정과 골프 연습장 및 훈련장 등을 고려하여 위치를 생각해 본 후 적당한 숙소를 구하러 가 보자!

006

Hi, I saw your ad on a website, and I was wondering if the apartment is still available?

▶ 인터넷에서 광고를 봤는데 아파트 아직 비어 있는지요?

007

I am looking for a two bedroom and two bathroom.

▶ 방 두 개 화장실 두 개짜리 찾고 있습니다.

008

Can I tour the unit?

▶ 아파트 한번 둘러볼 수 있나요?

009

How about a parking lot?

▶ 주차 공간은 있나요?

010

How much is the rent?

▶ 아파트 집세가 어찌 되나요?

011

You said the room is 700 bucks per month, does that include utilities or not?

▶ 한 달에 700불이라고 하셨는데 공과금이 포함된 금액인가요? 아닌가요?

#BREAK

이 퍼팅 오케이 주는 거지?

한국에서 주로 아마추어 분들이 라운드 할 때는 하우스 캐디 분들이 빠른 경기진행을 위해 한 클럽 안쪽에서 퍼팅 OK를 주는 경우가 종종 있다. Gimme 상황이라는 게 받고 싶은 때는 주지 않고 별로 필요없을 때는 동반자들이 주게 되는 묘한 심리적 플레이가 존재한다.

보통 골프 조금 하시는 분들은 몇 타 정도 치시냐고 물어보면 자주 듣는 답변이 보기플레이(골프 홀이 18홀이니 매홀 보기 한다고 가정하고 18개 오바 정도 치는 수준)라고 말하거나 아예 100개 훌쩍 넘는 분들은 백돌이라고 대답한다.

사실 이런 초보 분들은 타수를 세다 마는 경우가 많다. 아마추어들에게 OK없이 끝까지 홀아웃 하라고 하면 아마도 자신의 핸디캡에 얼마 정도 더해야 할지는 본인만이 알 것이다.

영화관

Netflix and Chill?

미국 유학생활 시절에 정말 좋았던 게 영화관이었다. 그때만 해도 '블락버스터'나 '넷플릭스' 같은 대여점에서 비디오를 빌려보다 큰 스크린으로 보고 싶은 영화가 있으면 극장에 가서 팝콘과 펩시콜라를 엄청 많이 먹으며 영화를 봤던 기억이 난다. 지금이야 넷플릭스 같은 회사가 OTT라는 온라인 스트리밍 서비스를 제공해서 극장 가는 일이 많이 줄어들었지만 예전엔 그런 시절이 있었다.

지금 생각해 보면 넷플릭스라는 회사는 참 대단하다. 넷플릭스는 광대역 통신망 혁명이 가져온 변화를 활용해 최고 엔터테인먼트 기업 반열에 정말 순식간에 올랐다. 어느 누구도 이렇게까지 성장할 줄은 몰랐을 텐데 말이다. 4~5년 전 북미지역 인구의 극장 사용 통계를 보았을 때 인구의 1/3이 일 년에 단 한 번도 극장을 가지 않는다고 하던데 아마도 지금은 그 숫자가 훨씬 늘었을 거 같다. 넷플릭스 때문이라고 해도 과언이 아닐 듯하다.

넷플릭스 공동창업자인 리드 해스팅스라는 사람이 인터넷이라는 이름조차 생소할 때 이미 회사이름을 Net(인터넷) + Flicks (영화)라고 지으면서 온라인을 통해 마음껏 영화를 볼 수 있게 하는 사업을 하고자 했다는데 unbelievable! 할 뿐이다.

012

Hi, I made a reservation for two adults.

▶ 성인 두 명 예약했습니다.

013

Let me get two tickets for Avengers, please.

▶ 어벤저스 두 장 주세요.

014

How much is it for two adults?

▶ 성인 두 명은 얼마인가요?

015

What time is the 'Bad boys for life'?

▶ '나쁜녀석들' 상영시간이 언제인가요?

016

Do you have any other showings before 7pm?

▶ 저녁 7시 이전에 다른 상영시간이 언제인가요?

017

Who is in the movie? / Who stars in the movie?

▶ 영화에 누가 나오니?

#BREAK

심리적인 저항선 1m(?)

미국에서 현지 생활하다 보면 사람들에게 의식적/무의식적으로 자신만의 영역이라고 생각하는 심리적인 저항선(?)이 있다는 걸 가끔 확인하게 된다. 우리가 드라마나 영화에서 "감히 네가 내 구역을 침범해" 하며 난리가 나듯 지키고(?) 싶은 저마다의 공간이라는 생각이 든다. 미국에서는 정해진 건 없지만 대략 1m 정도 팔을 쭈욱 뻗어서 원을 그리면 나오는 공간은 지켜 보자, 서로를 위해서!

미국사람들은 집에서든 공공장소에서든 자신의 공간을 지키면서 다른 사람의 개인 공간을 침해하지 않고 존중하는 게 생활화되어 있다. 얼마 전 극장에서 줄을 서 있을 때 알바생이 내 옆을 쳐다보면서 다른 거 더 필요하신 건요? 하며 눈빛을 보내어서 깜짝 놀라 옆을 쳐다보니 내 뒤에 서 있던 분인데 어느새 일행인 것처럼 내 옆에 서 있는 걸 보고는 아 정말 대박이다! 하고 웃었던 적이 있었다. 외국인이었다면 호환마마보다 더 무서웠을 것이다.

미장원/
이발소

Hair Salon or Barber Shop

미국에서 생활하면서 가장 불편했던 것 중에 하나가 머리를 손질할 때가 되어 미장원을 찾아가는 일이었다. 보통은 한 달에 한두 번 장을 보러 갔을 때 미장원을 갔었는데 한국분들이 운영하는 미장원들은 대부분 주변에서 한인밀집지역내 한국마트 주변에 있었기 때문이다.

저자만의 편견일지는 모르겠으나 역시 미장원은 한국미장원이 최고였던 거 같다. 가끔 학교나 아파트 주변 미국분들이 운영하는 곳에 가 본 경험이 있지만 만족도는 역시 한국 미장원이 제일 높았다.

018

Hi, I made a reservation.

▶ 예약했습니다.

019

I'm here to get a hair cut.

▶ 커트 좀 하려구요.

020

I'm here to get a trim and perm.

▶ 조금 다듬고 파마하려고 합니다.

021

I want to get my hair dyed.

▶ 염색하려고요.

022

I want to dye my hair to brown.

▶ 갈색으로 염색하려고요.

023

Can you just trim the sides?

▶ 옆만 살짝 다듬어 주세요.

024

I got bangs.

▶ 나 앞머리 잘랐어.

025

I'm going to grow my hair.

▶ 머리 기르려고.

026

Should I tie my hair back?

▶ 머리 뒤로 묶는 게 나을까?

027

Should I let my hair loose? / Should I let my hair down?

▶ 머리 푸는 게 나을까?

028

I got my hair done.

▶ 머리 새로 했어요.

#BREAK

Bunker to Bunker!

라운드를 나가 보면 어떤 날은 그렇게 벙커만 찾아다니는 날이 있다.
내가 가고 싶어서 가는 건 절대 아니다. 사실 가고 싶지 않지만 골프는 내 맘대로 되질 않는다. 동반자가 초보자일 경우 그린 주변에서 모래벙커를 자주 찾아다닐 수 있다. 그럴 때 쓸 수 있는 표현이다.

Michael, Life is a beach! huh? 인생이 해변가야 그치?

약간 놀리는 표현들이니 친한 사이가 아니면 조심해야 한다.

세탁소

Dry Cleaning & Alteration

얼마 전 미국 교민들의 세탁소 비즈니스가 불황이라는 기사를 봤다. 유학생활 때 세탁소, 쥬얼리 샵 등에서 알바를 해본 경험이 있어 남 일 같지는 않았다. 많은 한인 이민 1세들이 한국사람 특유의 손재주와 부지런함으로 아메리칸 드림을 이루면서 열심히 살아온 걸 알기에 잘되었으면 하는 바람으로 잠깐 그 시절을 회상한 적이 있다.

4차 산업혁명 등 모바일 시대를 맞아 FlyCleaners, Cleanly, iClean 등이 앱을 기반으로 특히 미 서부와 동부 지역에서 한인들이 장악하고 있는 동네 세탁소들을 위협하고 있다고 한다. 아무쪼록 서로 win-win 할 수 있게 활로를 찾을 수 있기를 바라는 마음 간절하다.

029

Hi, I'm here to get this stuff cleaned.

▶ 이거 세탁 부탁합니다.

030

I want to get these dry cleaned.

▶ 이거 드라이 부탁합니다.

031

How long does it take?

▶ 얼마나 걸리나요?

032

When can I pick it up?

▶ 언제 픽업 가능할까요?

033

Can you do it by tomorrow 6pm?

▶ 내일 저녁 6시까지 가능한가요?

#BREAK

Ball? Vs Fore?

아마추어들도 그렇고 심지어는 프로 중에서도 라운드 중에 샷을 한 후 원하는 방향대로 가지 않고 위험한 상황이다 싶으면 앞쪽에 외치는 한마디가 있다. 원래 미국에서는 Fore가 맞다고 하는데 한국에서는 보통 Ball이라고들 한다. 조용한 골프장에서 순간 외치는 소리가 들리면 무조건 일단 몸을 낮추고 손으로 머리를 감싸는 게 최선이다. 이렇게 넓은 골프장에서 작은 골프공에 내가 맞는다는 건 불가능하다는 생각을 단 한 번이라도 해서는 안 된다.

골프장에 나가면 머리를 보호하기 위해 반드시 모자를 쓰고 상대방이 샷을 할 때는 공이 어디로 가나 주시하는 건 기본이다. 앞쪽으로 나가 있어서도 안 된다. 만약 머리라도 맞게 된다면 돌이킬 수 없는 상황이 발생할 수도 있다. 드라이빙 레인지 또는 라운드 중에는 정말 조심 또 조심하자.

병원/약국

Health Maintenance Organization (HMO)

미국에서는 현지인이든 외국인이든 비싼 비용과 복잡한 보험 절차 등의 문제로 병원에 가기가 쉽지 않다. 여행 중이었다면 여행보험 등으로 어찌 해 보겠지만 현지에서 장기간 체류 중에는 쉽지 않은 게 현실이다.

미국의 기본적 의료체계는 정부가 아닌 병원과 보험사가 운용한다. 사실 통일되어 있지 않아 부르는 게 값이라고 생각하면 된다. 보험을 든다고 해도 보험료와 보장범위가 천차만별이라 우리나라 유학생들이나 교민들이 치과나 수술 등의 상황이 생기면 비행기 타고 한국에 와서 치료받고 가는 게 훨씬 저렴하다는 말이 전혀 틀린 말은 아닌 거 같다.

얼마 전 미국 마이애미에 사는 회사원이 중국 출장을 다녀와서 코로나증상 검사비용으로 약 400만 원짜리 청구서를 받았다는 뉴스를 보고 또 한 번 놀랐다. 역시 미국은 미국이다.

034

Hi, I made an appointment.

▶ 진료 예약을 했습니다.

035

Do you take walk-ins?

▶ 예약 못했는데 진료 가능한가요?

036

Can I get a doctor's note?

▶ 의사 처방전 받을 수 있나요?

037

I have traveler's insurance, do you take it?

▶ 여행자보험도 받나요?

038

Does it cover my treatment and medication?

▶ 이 보험으로 치료와 약이 커버되나요?

039

I'm here to get vaccinated.

▶ 예방주사 맞으러 왔습니다.

040

Where can I find Tylenol?

▶ 타이레놀이 어딨나요?

041

where can I find allergy medicine?

▶ 알러지 약은 어느 쪽에 있나요?

042

Is this over the counter?

▶ 이거 오버더카운터 약품(의사의 처방전 없이 살 수 있는 제품)인가요?

043

How do I take this?

▶ 이거 어떻게 먹나요?

044

Will I get drowsy if I take this?

▶ 이거 먹으면 좀 나른해지고 그러나요?

045

Are there any side effects?

▶ 부작용이 있는 건가요?

046

Is there anything I should not eat or drink when taking this medicine?

▶ 이 약을 먹으면서 먹는 거나 마시는 거 조심해야 되는 게 있나요?

047

I'm on my period.

▶ 생리기간이에요.

048

Do you have an extra pad?

▶ 혹시 생리대 남는 거 있어요?

049

I feel moody during my period.

▶ 생리기간에는 기분이 별로예요.

050

My cramps are killing me.

▶ 생리통이 힘드네요.

051

I'm not feeling very well.

▶ 몸 컨디션이 별로예요.

052

I'm under the weather.

▶ 몸 상태가 안 좋아요.

#BREAK

아프다는 표현

타지에서 몸이 아플 때 영어가 안 되어서 더 속상한 상황은 우리 만들지 말자!

I have a stiff shoulder. /
I have a frozen shoulder.
어깨가 뭉쳤어요.

I have diarrhea./
I have got the runs.
설사를 해요.

I cut my finger with a knife by mistake.
실수로 칼로 손을 베었어요.

I have a bruise on my knee.
무릎에 멍이 들었어요.

I'm allergic to cats.
고양이 알러지가 있습니다.

I am sick.
아파요.

I'm allergic to nuts.
땅콩에 알러지가 있습니다.

I have a headache.
두통이 있어요.

I have a cramp in my leg.
다리에 쥐가 났어요.

I sprained my ankle.
발목을 접질렀어요.

I'm constipated.
변비가 있어요.

I have a cold.
감기 걸렸어요.

I have a fever.
열이 있어요.

I have a sore throat.
목이 따가워요.

I have a runny nose.
콧물이 나요.

My nose is blocked.
코가 막혔어요.

My nose is stuffy.
코가 막혀요.

I have a toothache.
치통이 있어요.

I have an earache.
귀가 아파요.

I feel bloated.
속이 거북합니다.

My stomach feels full.
속이 더부룩해요.

My face is puffy.
내 얼굴이 부었어요.

I have hay fever.
꽃가루 알레르기가 있어요.

스타벅스

StarBucks & Barnes Nobles

커피매니아인 경우, 미국에서도 Drive through나 카운터에서 커피를 주문하는 건 하루 일과 중 빠지지 않는 일상이다.
저자도 나름 매일 커피를 마시고 있지만 미국에 가면 블루바틀이나 인텔리젠시아등의 스페셜티 가게도 꼭 방문해 보시길 바란다. 자신만의 커피사치(?)를 즐겨 보자 !

Drive through 또는 매장 안에서의 주문 내용은 비슷하다. Drive through 차량 진입로를 따라가다 한국처럼 주문시스템이 보이면 정차한다. 스피커를 통해 무얼 주문할 건지 물어보면 한국에서처럼 원하는 걸 말하면 끝! 아래 내용 참고해서 맛있는 모닝커피 주문하러 가 보자!

053

Hi, thank you for choosing STARBUCKS, what can I get started for you?

▶ 스타벅스를 선택해 주셔서 감사합니다. 주문하시겠어요?

054

Hi, Can I get a Grande size decaf americano, please?

▶ 그란데 사이즈 디카페인 아메리카노 주세요.

아이스 개인취향에 따라

No ice, please. - 얼음 빼고 차가운 음료로 주세요.

Easy on ice, please. - 얼음을 조금 적게 주세요.

extra ice, please. - 얼음 추가해 주세요.

카페인 함량은?

regular coffee=일반커피

No caffeine=decaf 무카페인 커피

1/2 decaf=카페인 1/2 든 커피

추가샷 주문

Can I get an extra shot, please? 추가샷 부탁합니다.

Extra shot! Please. 추가샷 부탁해요.

사이즈 주문

What size would you like?

(사이즈는 어떻게 해 드릴까요?)

Tall / Grande / Venti

거품

Extra foam, please. 우유 거품 조금 더 부탁합니다.

No foam, please. 거품 없이 부탁합니다.

055

Anything else?

▶ 다른 거 더 필요하신가요?

That's it, thanks.

▶ 그것뿐입니다. 감사합니다.

056

It'll be 10 dollars at the window.

▶ 주문하신 거 전부 10달러입니다. 앞으로 이동하셔서 창문 쪽으로 와 주세요.

이렇게 하면 드라이브 스루로 커피 주문 완료!

보통 한국에서는 스타벅스 직원에게 팁을 주는 것을 상상할 수 없겠지만 미국은 워낙 팁문화가 필수(?)이다 보니 이 정도 주문이면 20불짜리를 내고 잔돈을 받아서 1~2불 정도 팁으로 주면 일하시는 분들 기분 Up 되겠죠?

057

Can you make it extra hot?

▶ 조금 더 뜨겁게 만들어 주시겠어요?

058

Can you put two sleeves on it?

▶ 뜨거우니 슬리브 두 개 부탁해도 될까요?

059

Can I get ice on the side?

▶ 얼음컵을 따로 줄 수 있나요?

Can you remake it?

미국이나 우리나라에서도 가끔 주문한 커피가 평상시에 먹던 맛과 다르면 한 번 더 만들어 달라고 할 수도 있다. 여러 번 하면 진상이겠지만 도저히 제 맛이 안 난다면 참지 말고 한 번 정도는 더 만들어 달라고 해서 먹고 싶은 커피를 즐겨 보자. 물론 공짜다!

#BREAK

Enjoy Your Espresso !

How is the espresso there?

그 집 에스프레소 맛 어때?

Enjoy your espresso !

이탈리아에서 에스프레소 맛있게 먹는 법을 직접 배워 온 친구에게 들은 방법이다.

1. 일단 에스프레소 커피향을 맡는다.
2. 설탕 한조각을 넣는다.
3. 3번에 나눠먹는데 처음 한 모금은 그대로 먹는다.
4. 두 번째 한모금은 스푼으로 한 번 저어서 먹는다.
5. 마지막 한모금은 스푼으로 한 번 더 저어서 맛있게 마무리한다.
6. 취향에 따라 얼음물과 같이 먹어도 좋다.

From GodSent

패스트푸드 레스토랑

Fast Food Vs Slow Food

미국은 패스트푸드 천국이다. 세계 여러나라에서 아메리칸 드림을 위해 건너와 살고 있는 전세계인들이 미국인들의 입맛을 사로잡기 위해 자기나라에서 맛있다는 음식은 모두다 가져다 놓은 게 확실하다.

동네 몰이나 백화점 그리고 학교앞에 가 보면 신선한 야채와 재료를 가지고 치열한 경쟁을 벌이고 있다. 소비자로서는 정말 피할 수 없는 유혹임에 틀림없다.

유혹을 벗어나지 못하면 늘어나는 허리 사이즈와 몸무게는 자신이 감수해야 할 몫이다.

060

I'm calling to make a reservation for four.

▶ 4명 예약 부탁합니다.

061

I'm waiting for someone.

▶ 누군가를 기다리고 있습니다.

062

Can you bring them out all together?

▶ 음식 다 같이 한꺼번에 줄 수 있나요?

063

Can I get this wrapped up?

▶ 포장되나요?

064

Can I get a box for this?

▶ 포장박스 하나 줄 수 있나요?

065

Can you warm it up?

▶ 약간만 데워 주실 수 있나요?

In & Out Burger!

요즘은 한국에 맛있는 즉석 햄버거집이 많이 생겨서 경쟁력이 많이 떨어졌지만 인앤아웃 햄버거하면 다들 한 번 정도는 맛있다는 이야기를 들어 봤을 거 같다. 내가 정말 좋아하는 In&Out Burger 차에서 멋지게 주문해 보자!

066

Hi, welcome to In & out. What can I get you today?

▶ In&out 에 오신 걸 환영합니다. 주문하시겠어요?

067

Hi, can I get a bacon cheeseburger with fries, please?

▶ 하이, 베이컨 치즈버거와 감자튀김 주세요.

068

Sure, would you like anything to drink?

▶ 음료수도 원하나요?

069

Yes, I'll have a medium coke please.

▶ 미디엄 사이즈 콜라 부탁합니다.

070

Will that be all? / that be all.

Is that all? / that's all.

Anything else? / that's it.

▶ 주문 더 있으신가요? / 아니요. 그거면 됩니다.

071

That comes to $10, window please!

▶ 10불입니다. 이동해 주세요.

Everything on It!

미국에서 서브웨이나 브리또 등 재료가 앞에 나와 있는 곳에서 특별히 알러지 등 가리는 재료가 없을 경우 "모든 재료를 다 넣어 주세요."라는 표현을 사용할 수 있다.
표현할 수 없어 먹고 싶지 않은 재료가 다 들어간 음식을 받아 본 사람이라면 얼마나 당황스러운 경험인지 잘 알 것이다. 표현을 익혀서 제대로 사용해 보자.

072

Could you take out the pickles?

▶ 피클 빼 주실 수 있지요?

073

Can you hold onions, please?

▶ 양파는 빼 주세요.

074

Could you make my burger all the way please? / I'd like everything on it.

▶ 다 넣어 주세요!

075

Would you cut it in half? / Could you slice it in half?

▶ 반으로 잘라 주시겠어요?

076

Can I get a refill?

▶ 음료 리필 좀 해 주시겠어요?

음료 리필은 우리나라는 예전에는 있었지만 지금은 거의 사라졌다. 이유는 여러 가지가 있겠지만 원가절감 때문이라고 한다. 미국에서는 지역마다 다를 수 있겠지만 아직도 패스트푸드점에서는 보통 음료리필을 원하는 만큼 받을 수 있다.

077

Do I need a key or passcode to use the restroom?

▶ 화장실을 사용하려면 키나 비밀번호가 필요한가요?

미국에서는 가끔 스타벅스나 패스트푸드점 등에서 내부 화장실에 락을 걸어 놓은 곳이 있다. 확인하고 패스코드가 필요하다면 받아서 사용할 수 있도록 하자. 구매고객이 아닌 분들이 급한 용무를 보려고 스타벅스나 패스트푸드점에 들리는 경우가 많다 보니 무분별한 사용을 막기 위해 간혹 그런 경우가 있다.

078

What is the passcode to the restroom?

▶ 화장실 비밀번호가 어떻게 되죠?

#BREAK

미국 식사 예절

미국에서는 가끔 교회 또는 직장에서 만난 동료들끼리 주말에 저녁식사를 하거나, 주말 아이들 생일파티에 집 또는 레스토랑으로 초대받거나 초대하는 일이 많다. 우리나라 사람들은 아무래도 우리라는 문화, 배려라는 문화 등에 익숙해져 있기 때문에 식사 중간 중간 당황스러운 상황이 연출되기도 한다.

한번은 다양한 국적의 10여 명이 대형테이블에서 저녁 식사를 하고 있었는데, 학교 선배님 한 분이 벌떡 일어나더니 몸을 숙여 저만치 놓여 있던 소금통을 집어 자리에 앉는 일이 벌어졌다. 다들 친한 사이여서 그냥 넘어갔지만 아무래도 아는 사람은 아는 그런 어색한 분위기가 감돌았다.

미국 식사예절 중에 "Never reach over the table for the salt"란 말이 있다. 아무래도 개인주의 또는 개인 공간(personal space)이

라는 그들이 금과옥조처럼 여기는 불문율이기에 로마에 가서는 로마법을 따르도록 노력하는 것이 좋겠다.

Would you please pass the salt! (소금 좀 건네주세요!) 라고 말하는 것이 그들의 관점에선 배려이고 예의이다.

마트
장보기

Grocery Shopping

보통 골프 전지훈련을 가거나 골프 단체여행을 갔을 경우 장을 보러 가는 경우가 있다. 미국 같은 경우도 큰 마트가 아니고 가끔 벼룩시장 형태의 조그마한 규모의 가게에서도 쇼핑할 기회가 있을 수 있다. 예전에는 그 나라에 가야만 볼 수 있고 맛볼 수 있는 것들이 많아 소소한 재미가 있었지만 지금은 우리나라에 없는 게 없다. 사용할 수 있는 간단한 표현을 알아보자.

079

Where is the fruit section?

▶ 과일 파는 곳은 어디인가요?

080

Where can I find batteries?

▶ 건전지는 어디 있나요?

081

It's on aisle 10.

▶ 10번 통로에 있습니다.

082

Can you give me a discount?

▶ 조금 할인해 주나요?

083

Can you come down if I pay in cash?

▶ 현금으로 주면 조금 깎아 주나요?

084

You are short two dollars.

▶ 2달러 부족하네요.

085

Paper or plastic?

▶ 종이봉투에 드려요? 아님 비닐봉지에 드려요?

우리나라 사람들은 가끔 플라스틱 백에 대해 쉽게 비닐봉지라고 생각하지 못하는 경우가 있다. 미국에서 우리가 아는 비닐봉지는 Vinyl bag이 아니고 Plastic bag이다.

086

Could you break this into singles for me?

▶ 이거 1달러짜리로 바꿔 주시겠어요?

087

You charged me twice for the same item.

▶ 같은 물건인데 두 번 찍으셨네요.

바코드를 찍을 때 실수로 두 번 계산할 때가 있으니 이럴 때 영수증 확인 후 당당하게 받아 내야 하겠다. 영어가 서툴러서 못한다면 억울할 일이다. 그럼 계산하시는 분이 실수로 계산 안 한 건 어찌할까요?
그건 여러분들의 양심에 맡겨야지요!

088

Can you add this(these)? / Ring this up together! Please.

▶ 이것도 포함해서 계산해 주세요.

물론 실제상황에서는 이런 저런 말없이 물건을 cashier 앞에 놔두면 알아서 계산해 주고 나올 때도 많다. 한국이든 미국이든 한번 실험해 보시라. 요즘은 별 말도 필요 없고 의외로 손짓 발짓으로 해결 가능할 때가 많다. 다만 알고도 안 하는 것과 몰라서 못 하는 것과는 큰 차이가 있다. 자신만이 그 느낌을 알 것이다.

#BREAK

Health Freak이 되고 싶다!

요즘 미드에서 자주 듣는 표현 중에 하나가 freak이란 단어다. 무언가에 광적으로 관심이 많은 사람을 말하기도 하고 깜짝 놀랐다는 표현으로도 자주 사용한다.

Health freak (건강에 신경을 많이 기울이는 사람)

This is my health-freak dad. (건강을 끔찍이나 생각하는 우리 아빠야.)

Neat freak (병적으로 깔끔을 떠는 사람)

Stop being such a neat freak. (그렇게 깔끔 떨지 좀 마!)

Control freak (부정적, 모든 걸 제멋대로 통제하려는 사람)

Are you a control freak? (당신 모든 상황을 통제하려고 하는 그런 사람이야?)

Don't freak out (놀라지마. / 당황하지 마.)

감칠맛 나는 원포인트 영어 레슨

06

최대한 간결하게 자주 사용하는 영어표현을 정리해 보았다.

현장에서 바로 사용할 수 있는 짧은 표현 위주로 정리하다 보니 상황에 따라 약간 어색할 수도 있을 것이다. 현지생활에서 또는 미드나 영화에서 쉽게 들어 볼 수 있는 사용빈도가 높은 표현 위주로 수록하였다.

짧은 단문장이지만 이 정도만 적재적소에 쓸 수 있다면 눈에 띄게 영어를 못하는 사람으로 보이지는 않을 것이다. 개인에 따라서 입에 맞는, 발음하기 편한 단어와 표현들이 있기 마련이다. 나의 것으로 응용하여 만들어 보자.

만약 저자라면 외우는 게 차라리 속 편할 것 같다!

001

Awesome.

죽여주는데. / 쿨하다.

002

It's tempting.

구미가 당기네. / 날 유혹하네.

003

It's over.

끝났어.

004

That's sick.

죽여주는데.

Awesome보다 강한 표현

005

Let it go. / Let go.

그냥 잊어버려.

006

Go ahead.

계속해라.

하던 일이나 말을 계속하라고 할 때

007

Hold on.

잠깐만요.

008

I believe you.

널 믿어.

009 I feel good.

기분 좋아요.

010 Do you mind?

그만 좀 할래? 죽을래?

친구가 잔소리나 싫은 행동을 그만 좀 했으면 하는데 계속할 때, 인상 팍 쓰면서 한마디 던져 보자

011 Never mind.

신경 쓰지 마라.

012 Incredible.

믿기 힘든데.

013

Disgusting.

역겨워.

014

Calm down.

진정해라.

015

Control yourself.

진정해라.

016

It's worth it.

그럴 만한 가치가 있어.

017

Cheer up.

힘내라.

018

Impressive (job).

대단한데.

Good job보다 더 끝내주게 잘했을 때 하는 강한 표현

019

I'm full.

배불러.

020

I have to pee.

소변이 급해요.

021

It's awful.

끔찍하다.

022

Feel better?

기분 좀 괜찮아?

023

Much better.

훨씬 나아.

024

Screw you.

꺼져라.

025

My apologies.

사과할게. / 죄송합니다.

상대방이 My apologies 라고하면 Apologies accepted! 라고 대답하면서 사과를 받아 주면 된다.

026

Don't start.

시비 걸지 마라.

027

Don't go there.

그만해라.

친구가 불필요한 간섭이나 잔소리를 적당히 해야 하는데 약간 선을 넘으려고 할 때 쓰는 표현

028

Anybody home?

집에 아무도 없니?

029

My treat.

내가 쏠게.

030

No offense.

악의는 없어요.

031

Get real.

정신 차려라.

032

Which one?

어떤 거?

033
What's wrong?
뭐가 문제야?

034
I don't care.
신경 안 써.

035
After you.
먼저 들어가. / 먼저 나가.

036
I'm broke.
나 빈털터리야.

037

Throw it here.

이쪽으로 던져.

038

Look over there.

저기 좀 봐.

039

I'll be right there.

금방 갈게요.

040

Epic fail!

폭망! / 개망했어!

041
It's up to you.
너 하기 나름이야.

042
We'll see.
곧 알게 되겠지.

043
Swear to God.
신께 맹세한다.

044
I mean it.
진심이다.

045

Think positive.

긍정적으로 생각하자.

046

You name it.

말만 해.

047

It's a hit. / It's lit.

대박이다.

This party is LIT
이 파티 개쩐다 / 화끈하다 라는 속어 표현도 있다.

048

What's up?

별일 없지?

049

Nothing much.

별일 없다.

what's up에 대한 대답. 사람에 따라 똑같이 what's up 하기도 하고 친한 사이에는 그냥 웃고 넘기기도 한다. How are you 했을 때 How are you로 되받거나 웃는 것과 같다.

050

What a mess.

엉망이네.

051

Get a life.

정신 차려.

052

For the record.

분명히 말하자면.

053

I'm on it.

내가 할게.

054

My bad.

내 잘못이야.

055

God bless you. / Bless you.

상대방이 재채기할 때 예의상 해 주는 표현.

재치기를 하게 되면 Excuse me 정도는 해 주는 게 예의상 좋다. Bless you를 들으면 Thank you 하면 된다.

056

In your dreams.

꿈 깨라.

057

You rock.

너 장난 아니다. / 짱이다.

058

You suck.

넌 최악이다.

059

Come on.

부탁해~ 응? / 얼릉 빨리 말해 봐~

상대방이 허튼소리 할 때 쓰면 '말도 안 돼'라는 의미로도 쓰인다.

060

Promise?

약속?

친구들과 대화하다 보면 눈빛이나 단어 하나만으로도 의사소통이 이루어짐을 알 것이다. Promise? 라고 살짝 끝을 올리면서 말해도 대화는 충분히 통한다. 대답은 Promise.라고 묵직하게 한마디로 해 보자.

061

(Take it) easy.

진정해.

062

Think about it.

생각해 봐라.

063

So what?

그래서 뭐 어쩌라고?

064

What happened?

무슨 일인데?

065 **Now or later?**

지금 할래? 나중에?

066 **That's too bad.**

그거 참 안됐다.

067 **Is it possible?**

그게 가능해?

068 **Don't be silly.**

어리석게 굴지 마라.

069
Don't be shy.
부끄러워하지 마라.

070
Don't bother.
신경 쓰지 마라.

071
Check, please.
계산서 주세요.

072
Is everything OK?
별일 없지?

073

It hurts here.

여기가 아파.

074

Take a chance.

기회를 잡아라.

075

A piece of cake.

식은 죽 먹기지.

076

She is my age.

그녀는 나와 같은 나이야.

077

Be punctual.

시간 좀 지키자.

078

Beat it.

꺼져라, 저리 가라.

079

Behave yourself.

얌전하게 굴어라.

080

I'm with you.

동감이야.

081
I'll pass.

사양할게.

082
Talk is cheap.

말은 쉽지.

083
Chill out.

침착해라.

084
Don't panic.

당황하지 마라.

085

I can handle it.

내가 처리할 수 있어.

086

I can't tell.

구분을 못 하겠다, 못 알아보겠다.

087

Go easy on him.

좀 살살 다뤄라.

088

Maybe not.

아마 아닐 거야.

089

Maybe right.

아마 맞을 거야.

090

What is it?

뭔데? / 뭡니까?

091

Get lost.

꺼져라.

092

Think well before you act.

행동하기 전에 잘 생각해라.

093

Just saying.

그냥 그렇다고.

094

I'm stoked.

완전 신나. / 정말 기뻐.

095

You've changed.

너 변했다.

096

Keep it up.

잘하고 있어, 계속해.

097

It's a steal.

거저다.

098

That's a rip-off.

완전 바가지다.

099

It's tough.

만만치 않은데.

100

It depends.

그때그때 달라.

101

Help yourself.

많이 먹어라.

102

Where about are you?

어디쯤이야?

103

That's too much.

그건 좀 심한데, 너무 나갔어.

104

I will take it back

내가 했던 말 취소할게.

105

You've earned it.

네 노력으로 얻어 낸 거야. / 네가 네 힘으로 이룬 거야.

106

I'll have the same.

나도 같은 걸로 주세요.

107

Are you done?

다 했어?

108

I'm not done yet.

아직 다 못했어.

109

How do you pronounce it?

어떻게 발음해야 하나요?

110

How do you spell it?

철자가 어떻게 되지요?

111

I gotta go.

가 봐야 해, 전화 그만 끊어야 해.

112

My battery is out.

배터리가 없다.

113

Let's get together sometime.

한번 같이 만나자.

114

This is me.

나 이거 타야 해.

기다리던 버스나 지하철이 올 때 이거 탄다고 말할 때 쓰는 표현

115

Don't get upset.

화내지 마라.

116

Don't mess with me.

나한테 까불지 마라.

117

Are you in or are you out?

낄 거야? 말 거야?

118

What's your first(given) name?

이름이 뭔가요?

119

What's your last(family, sur) name?

성이 뭐죠?

120

You're the man. / that's my boy.

너 최고다. (남자에게)

121

That's my girl. / You go, girl.

너 최고다. (여자에게)

122

Atta boy. / Atta girl.

그렇지. / 잘했어. / 장하네.

123

Which one is better?

어떤 게 더 나아?

124

Make up your mind.

네 마음을 결정해라.

125 **Don’t let me down.**

실망시키지 마라.

126 **Don’t push me.**

나 좀 가만 놔둬.

127 **Enough is Enough.**

적당히 해라.

128 **It matters to me.**

나에겐 중요한 문제야.

129

That makes sense.

그거 말 되네.

130

It doesn't make sense!

이건 말도 안 돼!

131

I'm not the only one.

나만 그런 게 아니야.

132

Keep it to yourself.

너만 알고 있어.

133

Will it hurt?

아플까요?

134

Do it right.

빈틈없이 하자.

135

That happens.

그럴 수 있어.

136

Do you follow me?

무슨 말인지 알겠지?

137

I'm not following you.

뭐라 하는지 모르겠다.

138

What's going on?

무슨 일이야?

139

What day is today?

오늘 무슨 요일이지?

140

What's on your mind?

무슨 걱정 있니? / 무슨 일 있니?

141

What do you have in mind?

무슨 좋은 생각이 있니?

만약 상대방이 저녁 먹으러 가자고 할때
뭐 생각해 놓은 장소나 메뉴가 있냐고 물어볼 때도 쓸 수 있는 표현이다.

142

Let's call it a day.

오늘은 여기까지 하자.

143

Keep me posted.

어떻게 진행되는지 알려줘라.

144

Don't give me that.

말도 안 되는 소리 하지 마라.

145

What about you?

넌 어때?

146

You deserve it.

넌 그럴 자격 있어.

147

Where does it hurt?

어디가 아픈데?

148

Take this medicine.

이 약 먹어라.

149 **Let's just move on.**

그냥 좀 넘어가자.

150 **How old do I look?**

내가 몇 살로 보여?

151 **You look your age.**

너 나이로 보여.

152 **How do I look?**

나 어때 보여?

153

You look great.

좋아 보여.

154

Get off my back.

귀찮게 하지 마

155

Just leave me alone.

나를 혼자 있게 내버려 둬요.

156

Just leave it alone.

(일이나 물건 등) 건드리지 말아요.

157

Go for it.

한번 해 봐.

158

Going up?

올라가나요? (엘리베이터에 타기 전에)

159

Going down?

내려가나요? (엘리베이터에 타기 전에)

160

I don’t get it.

이해가 안 된다.

161 **Boys will be boys.**

남자들은 원래 그래.

162 **Whatever you say.**

너가 뭐라고 하든.

163 **That's the point.**

그게 핵심이야.

164 **Sorry to bother you.**

귀찮게 해서 미안.

165

I'm sick of it.

지겨워 죽겠어.

166

You piss me off.

열받게 한다.

167

Get away from me.

내게서 떨어져라.

168

It's a girl thing.

여자끼리 일이야.

169

You lied to my face.

얘가 대놓고 거짓말을 하네.

170

Don’t cross the line.

적당히 해라. / 선을 넘지 말아라.

171

Cut me some slack.

사정 좀 봐줘요.

172

Family comes first.

가족이 우선이야.

173

Watch your tongue.

말조심해라.

174

Nobody knows.

아무도 몰라.

175

I'm working on it.

지금 하고 있어요. / 노력하고 있어요.

176

I'm in deep shit.

큰일 났다.

177

Shame on you.

부끄러운 줄 알아.

178

Do I know you?

저 아세요?

179

Time will tell.

시간이 지나면 알 수 있을 거야.

응원 또는 위로의 말

180

Be a grown up.

유치하게 굴지 마.

181

First come, first serve.

선착순이다.

182

Take it or leave it.

받아들이든지 떠나든지.

183

That was close.

큰일 날 뻔했다.

184

We are even.

우리 이제 쌤쌤이다.

서로 빚진 거 없다고 할 때

185

Cut it out.

그만해라. / 닥쳐라.

186

Level with me.

솔직히 털어놔 봐라.

187

Don't make a scene.

야단법석 좀 떨지 마라.

188

That's not my thing.

내 취향은 아니다.

189

None of your business.

상관 마라.

190

Mind your own business.

너나 잘해.

191

Get it all out.

그냥 다 털어놔 봐.

불만이나 고민 등을 다 털어놓으라 할 때

192

It slipped my mind.

깜빡했어.

193

I went through a lot.

고생 좀 했어요.

194

Don't be like that.

그렇게 살지 마라.

195

My bad.

내 잘못이야.

196

I can't stand it.

참을 수가 없어.

197

You got that from me.

날 닮아서 그래.

198

What's up with you?

너 도대체 왜 그러니?

199

Are you mad at me?

나한테 화났어?

200

Don't take it out on me.

나한테 화풀이하지 마라.

201
Let's be friends.
우리 친구하자.

202
Don't get me wrong.
오해하지 마라.

203
Same here.
여기도 마찬가지야.

204
I swear.
진짜야 맹세해.

205

I'm sick of it.

지긋지긋해.

206

Suit yourself.

좋을 대로 하세요.

207

I got the hang of it.

감 잡았어.

208

Don't get upset.

너무 화내지 마라.

209 **I'm (a little) relieved.**

(조금은) 다행이다. / 안심이야.

210 **Is it just me?**

나만 그런가?

211 **This is not my day.**

오늘 일진이 안 좋네.

212 **You are something else.**

넌 남달라. / 넌 뭔가가 있어.

213

Are you holding out on me?

너 나한테 뭐 숨기는 거 있니?

214

We're besties.

우린 베프잖아.

215

Trust your gut.

너의 직감을 믿어 봐.

216

Speak for yourself.

난 안 그래. / 너나 그렇지.
또는 너 의견을 말해 봐.

217

I am doomed.

난 망했어.

218

Do you have time?

너 잠깐 시간 있니?

219

Do you have the time?

지금 몇 시인가요?

220

What's eating you?/ what's bugging you?

무슨 일 있니?

221

It's good money.

꽤 수입이 좋아.

222

I need a diversion.

기분전환이 필요해.

223

This book is genius.

이 책 짱인데.

224

You have it all.

넌 다 갖추었어.

225

Don't fall for it.

속지 말아라.

226

I don't hold a grudge.

난 뒤끝 없다.

227

Get over it!

그만 잊어버려라!

228

Speak of the devil.

양반은 못 된다, 호랑이도 제 말하면 온다더니.

229 What's up with him?

저 사람 왜 저래?

230 Here me out.

내 말 끝까지 들어 봐.

231 You're driving me crazy. / You make me nuts.

너 때문에 미쳐 버리겠네.

232 It's an expression.

그냥 말이 그렇다는 거야.

233

I wish I could, but I don't want to.

그랬으면 좋겠지만 난 싫어.

#BREAK

골프 매너란?

일 년에 한두 번씩 PGA & LPGA 골프시합이 한국에서 열리는 건 골프에 관심이 있는 아마추어 입장에서는 최정상급의 선수들의 멋진 샷을 바로 눈앞에서 볼 수 있는 좋은 기회이다. 외국선수들에게는 그 나라 갤러리의 수준이 국격으로 이해될 수 있는 상황이니 갤러리 입장에서는 골프 매너에 조금 더 신경 쓰는 게 좋을 것이다. 물론 입장을 바꿔 선수 자신들의 갤러리에 대한 매너도 마찬가지이다.

예를 들어 골프에서 갤러리들에게 특별히 요구되는 갤러리 관전 문화는 카메라 셔터 소리, 벨소리, 진동소리, 담배 냄새 등이다. 특히 우리나라에서는 특정선수 팬클럽 문화가 있는데 응원하는 선수와 함께 플레이하는 선수의 퍼팅이 빠지자 박수를 쳐서 논란이 되었던 적이 있다. KLPGA 선수들의 경기실력은 세계 최정상인데 갤러리 수준이 한참 못 미친다는 평이 나오기도 하였다. 선수들은 최고의 샷을 선물하고 갤러리들은 최고의 관전 매너를 지켜 준다면 언젠가는 세계 최고수준의 KLPGA가 될 것이라고 확신한다.

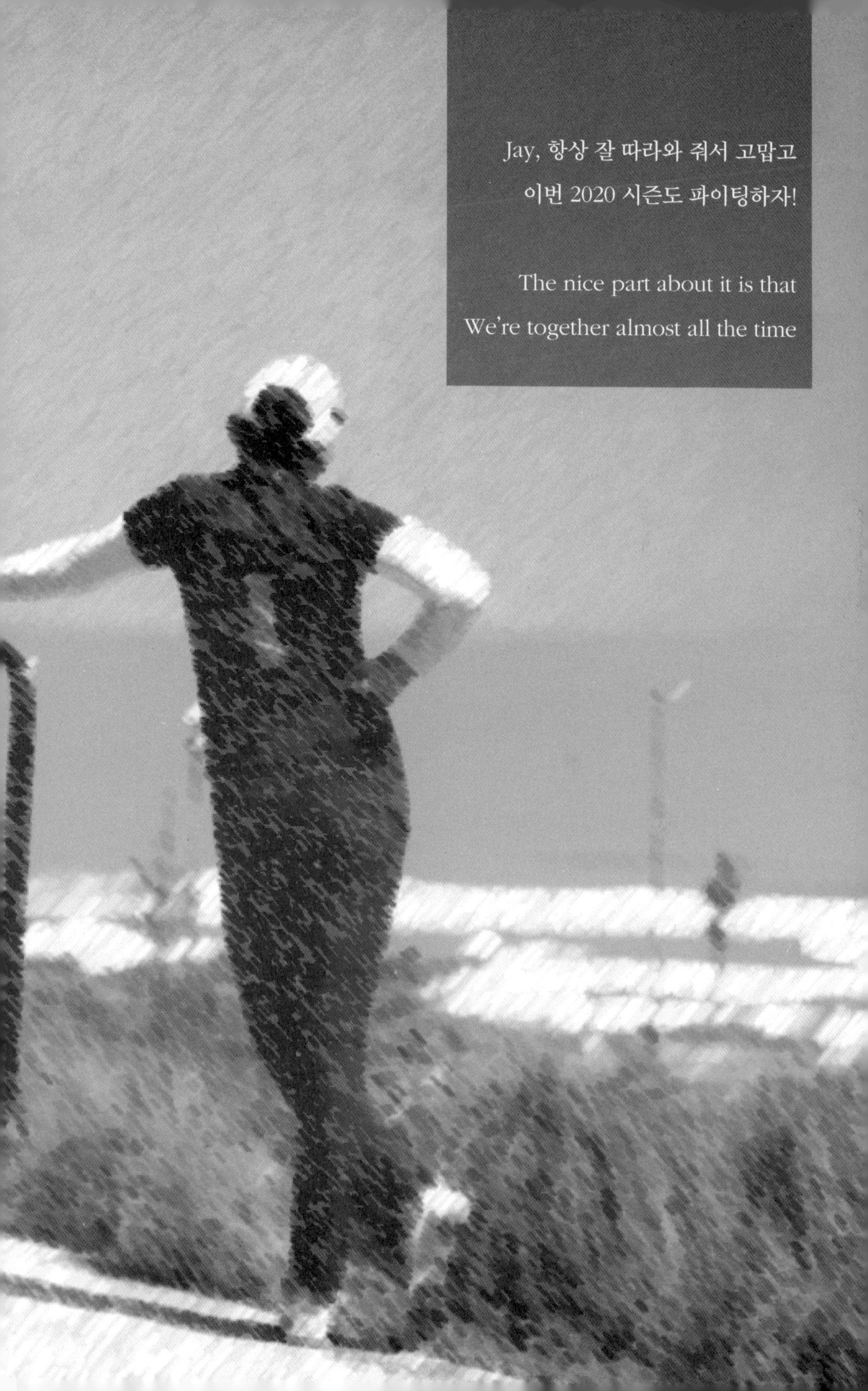

Jay, 항상 잘 따라와 줘서 고맙고
이번 2020 시즌도 파이팅하자!

The nice part about it is that
We're together almost all the time

현지에서 사용할 수 있는 골프 영어를 통해 영어울렁증이 쏙 사라지기를 기원합니다!

권선복
도서출판 행복에너지 대표이사

글로벌 시대에 공용외국어인 영어는 이제 필수가 되었습니다. 영어는 다양한 분야에서 활용되며 국제사회로 나아가기 위해서 꼭 배워야 하는 언어입니다. 그만큼 영어를 배우기 위해 애쓰는 사람도 많고 지나친 압박감에 '영어는 넘을 수 없는 큰 산'이라 생각하는 안타까운 경우도 종종 볼 수 있습니다.

시중엔 수많은 영어회화 관련 서적이 넘쳐납니다. 그렇다면 이것들을 전부 달달 숙지해야 하는 것일까요? 꼭 그렇지는 않습니다. 자신에게 필요한 부분, 활용할 수 있는 간단한 문장 정도만 구사해도 현지에서 의사소통을 하는 데 심히 어렵지는 않습니다.

골프라 해서 다르지 않습니다.

우선 국내에서만 활동할 것이 아닌, 해외 진출을 노리는 선수들이라면 기본적인 영어 실력은 갖춰야 할 것입니다.

그런데 과연 어떻게 이 여정을 시작해야 할지? 어디서부터 책을 찾아 읽고 배워야 할지 막막한 분들이 있을 것이라 생각합니다.

이책은 투어 골프선수를 꿈꾸는 저자의 딸을 위해 저자가 직접 미국 현지에서 몸으로 부딪히며 사용하였던 따끈따끈한 실생활 영어 회화를 담은 책으로, 그러한 고민에 대해 시원하게 갈증해소를 해 줄 것입니다.

저자가 밝힌 대로 자신과 같이 자녀를 골프 선수로 둔 '골프 대디, 골프 마미'들을 위해서 쓰였으며 따라서 골프와 관련된 영어 표현이 풍부하게 담겨 있는 이 책은, 비행기를 타고 현지에 도착해 차를 렌트하고 숙소를 구하며 필드에 나가서 경기하고 인터뷰를 하기까지 골고루 섞인 생생한 현지영어를 통해 영어 울렁증을 극복할 수 있도록 적극적으로 돕고 있습니다.

말이 통하지 않는 타국에서 인생을 건 승부를 벌인다는 것은 결코 쉬운 일이 아닙니다. 중압감이 무겁게 어깨를 짓누르고 불안함과 초조함으로 손톱을 깨무는 것이 결코 흠이 아닐 것입니다. 이런 와중에 언어마저 통하지 않는다면 너무나 암담하겠지요!

그러나 저자는 영어를 어렵게 생각할 것 없다고 말합니다.

본토에서 태어나지 않은 이상 영어가 서툰 것은 당연하고, 완벽한 언어를 구사한다는 것은 현지인들이 하기에도 어려운 일이라고요.

'쫄지 말고, 당당하게!' 필요한 문장과 단어만 구사할 수 있다면, 현지에서 괴로움을 당하는 일은 없을 것입니다.

이 책을 통하여 많은 골프 대디와 골프 마미들, 그리고 직접 필드에서 뛰는 선수들이 해외원정에서 영어 때문에 답답한 일 없이 시원시원하게 멋진 경기를 펼쳤으면 하는 마음입니다.

또한 딸을 사랑하는 마음으로 쓰인 본서에 깃든 간절한 마음이 널리널리 퍼져 긍정에너지로 작용하게 되길 바라는 마음입니다!

모든 골프선수 여러분의 앞날에 시원하고 경쾌한 행복에너지가 팡팡팡!!! 솟구칠 수 있게 되기를 진심으로 기원하겠습니다. 여러분이 주인공입니다.

'**행복에너지**'의 **해피 대한민국** 프로젝트!

〈모교 책 보내기 운동〉

대한민국의 뿌리, 대한민국의 미래 **청소년·청년**들에게 **책**을 보내주세요.

많은 학교의 도서관이 가난해지고 있습니다. 그만큼 많은 학생들의 마음 또한 가난해지고 있습니다. 학교 도서관에는 색이 바래고 찢어진 책들이 나뒹굽니다. 더럽고 먼지만 앉은 책을 과연 누가 읽고 싶어 할까요? 게임과 스마트폰에 중독된 초·중고생들. 입시의 문턱 앞에서 문제집에만 매달리는 고등학생들. 험난한 취업 준비에 책 읽을 시간조차 없는 대학생들. 아무런 꿈도 없이 정해진 길을 따라서만 가는 젊은이들이 과연 대한민국을 이끌 수 있을까요?

한 권의 책은 한 사람의 인생을 바꾸는 힘을 가지고 있습니다. 한 사람의 인생이 바뀌면 한 나라의 국운이 바뀝니다. **저희 행복에너지에서는 베스트셀러와 각종 기관에서 우수도서로 선정된 도서를 중심으로 〈모교 책 보내기 운동〉을 펼치고 있습니다.** 대한민국의 미래, 젊은이들에게 좋은 책을 보내주십시오. 독자 여러분의 자랑스러운 모교에 보내진 한 권의 책은 더 크게 성장할 대한민국의 발판이 될 것입니다.

도서출판 행복에너지를 성원해주시는 독자 여러분의 많은 관심과 참여 부탁드리겠습니다.

도서출판 **행복에너지** 임직원 일동